비트코인이란
무엇인가

비트코인이란 무엇인가

사토시 나카모토 지음
고피디 번역·해설

Bitcoin: A Peer-to-Peer Electronic Cash System

〈비트코인 백서〉
완역 및 해설

목차

사토시의 머릿속을 탐험하다

: 비트코인 백서와 그 혁명적 아이디어

비트코인이란 무엇인가? 이 질문에 대한 가장 정확한 답을 누구에게 듣는 것이 좋을까? 당연히 비트코인을 창시한 사토시 나카모토 아닐까?

이 책은 2009년 1월 3일, 사토시 나카모토가 첫 번째 블록을 채굴하며 비트코인을 세상에 내놓기 직전에 발표한 8쪽짜리 논문 《비트코인 백서》를 완역한 것이다. 그리고 그 속에 담긴 개념과 기술에 대해 상세히 해설한 것이다. 백서는 비트코인의 설계도이자 청사진으로, 비트코인이 어떻게 작동하며 왜 특별한지를 창시자가 직접 설명한 단 하나의 문서다. 마치 세종대왕이 한글을 반포하며 그 창제 원리와 사용법을 해설한 책 《훈민정음》을 펴낸 것과 유사하다.

백서를 읽는 것은 비트코인의 본질을 이해하는 가장 빠르고 확실한 방법이다. 마치 사토시의 머릿속을 들여다보는 듯한 경험을 제공한다. 이 백서에서 사토시는 비트코인이 무엇인지, 어떤 기술적 원리로 작동하며, 왜 중요한지를 명확히 설명한다. 블록체인 기술과 작업증명(Proof of Work)이라는 혁신적인 개념이 결합되어, 중앙기관 없이도 신뢰할 수 있는 개인 간 디지털 화폐 시스템이 어떻게 가능한지를 보여준다. 사토시가 제시한 비트코인의 핵심 원리는 탈중앙화와 분산 원장 기술에 있다. 이 두 가지 개념은 오늘날 암호화폐와 블록체인 기술의 근간이 되며, 수많은 혁신적 아이디어와 기술의 출발점이 되었다.

백서를 깊이 이해하는 것은 비트코인의 미래를 확신하고, 장기적 관점에서 진정한 비트코인 HODLER로 살아가는 데 필수적이다. 이 책에서 여러분은 비트코인의 탄생과 그 철학적, 기술적 기초를 직접 창시자의 목소리로 듣게 될 것이다. 이는 학습을 넘어 비트코인의 심오한 세계를 창시자와 함께 탐험하는 특별한 경험이 된다. 사토시가 제시한 비트코인의 핵심 원리를 이해하는 것이 비트코인이 우리 삶에 미칠 영향을 온전히 파악하는 첫걸음이다.

《비트코인 백서》는 기본적으로 IT 기술 논문으로, 복잡한 기술적 개념과 암호학적 원리에 기반하여 작성되었기 때문에 일반 독자가 이를 이해하기에는 상당한 어려움이 존재한다. 특히 블록체인, 해시 함수, 작업증명, 분산 네트워크와 같은 전문 용어와 난해한 알고리즘이 포함되어 있어, 사전 지식이 없는 경우 정확한 이해가 어렵다. 이런 점을 충분히 감안하여, 기술에 대한 배경 지식이 없는 독자들도 비트코인의 핵심 개념에 접근할 수 있도록 최대한 세세한 부분까지 쉽게 설명하는 데 중점을 두었다. 또한, 독자가 하나하나 알아가는 재미를 느낄 수 있도록 체계를 구성하였다. 알게 되면 보이고, 보이면 사랑하게 되는 법이므로.

이 책을 통해 여러분은 비트코인이 만들어갈 새로운 세상을 미리 엿보고, 그 가능성에 설레며, 그 속에서 어떤 태도를 갖고 어떤 준비를 해야 할지 깊이 생각해보면 좋겠다. 비트코인의 세계로 들어가는 이 여정이 여러분에게 작은 모험이자 큰 깨달음이 되기를 기대한다.

- 고피디 GoPD

비트코인: 개인 간 전자화폐 시스템

Bitcoin: A Peer-to-Peer Electronic Cash System

사토시 나카모토 (Satoshi Nakamoto)

satoshin@gmx.com

www.bitcoin.org

최우선으로 알아야 할
비트코인 핵심 개념 20

1. 블록체인

비트코인을 구성하는 핵심 기술. 블록체인은 데이터를 안전하게 저장하고 관리하는 방식으로, 여러 개의 블록이 한 줄로 연결되어 체인을 형성한다. 각 블록은 특정 시간에 발생한 거래(송금) 기록을 포함하고 있다. 블록에는 거래 정보 외에도, '이전(직전) 블록'에 대한 해시값이 포함되어 있어, 블록 간의 연결이 이루어진다.

블록체인의 가장 큰 특징은 데이터의 변경이 매우 어렵다는 점이다. 만약 어떤 블록의 정보를 수정하려고 하면, 그 블록 이후의 모든 블록을 다시 계산해야 하므로 사실상 불가능하다. 이 때문에 블록체인은 위변조가 불가능하다고 여겨진다. 모든 참여자는 네트워크에 저장된 동일한 블록체인을 가지고 있어, 거래의 진위를 서로 검증할 수 있다.

또한 블록체인은 분산형 데이터베이스로, 중앙 관리자가 없다. 각 참여자는 '노드'라 불리는 컴퓨터로 네트워크에 연결되어 있으며, 각 노드는 블록체인의 복사본을 유지한다. 이런 구조 덕분에 단일 실패 지점이 없고, 네트워크가 더욱 안전해진다.

2. 블록의 구조

블록은 크게 블록 헤더와 바디 두 부분으로 나눌 수 있다.

블록 헤더

- **버전**: 블록의 버전 정보
- **이전 블록의 해시**: 이전 블록의 해시값을 포함해 블록 간의 연결성을 보장한다.
- **타임스탬프**: 블록이 생성된 시간을 기록한다.
- **난이도 목표**: 다음 블록을 생성하는 데 필요한 작업증명의 난이도를 나타낸다.
- **논스**: 해시값을 찾기 위해 임의로 변동되는 값으로, 작업증명 과정에 사용된다.
- **머클 루트**: 블록에 포함된 모든 거래를 해싱하여 생성된 최종 해시값으로, 거래의 무결성을 보장한다.

바디

이 부분에는 블록에 포함된 모든 거래(트랜잭션)의 상세 정보가 들어 있다. 각 거래는 송금인, 수취인, 금액 등의 정보를 포함하며, 전자서명을 통해 검증된다. 최대 블록 크기인 1MB까지 1,500~2,000건 정도의 거래를 담을 수 있다.

3. 거래(Transaction 트랜잭션)

거래는 비트코인을 송금하거나 수취하는 과정을 말한다. 입력(Input)과 출력(Output)으로 구성된다. 입력은 송금인이 이전에 받은 비트코인을 나타내고, 출력은 수취인의 주소와 송금할 비트코인 양을 포함한다. 송금인은 거래에 전자서명을 하여 거래의 유효성을 보장하며, 이 거래는 비트코인 네트워크에 전파되어 모든 노드에 기록된다. 거래는 메모리풀(Mempool)에 저장된 후 블록으로 묶여 블록체인에 추가된다. 또한, 거래 수수료를 포함시켜 채굴자에게 우선 처리되도록 할 수도 있다. 트랜잭션은 비트코인 생태계의 핵심 요소로, 블록체인은 이러한 거래 기록을 안전하게 저장한다.

4. 입력(input)과 출력(output)

비트코인에서 입력과 출력은 거래에서 아주 중요한 개념이다. 입력값은 송금자가 이전에 다른 사람에게서 받은 비트코인이다. 즉, A가 B에게 비트코인을 보내려면, A는 예전에 다른 거래에서 받은 비트코인이 있어야 한다. 이 받은 비트코인이 입력값이 된다.
출력값은 그 비트코인을 누구에게 보낼지를 나타낸다. 예를 들어, A가 B에게 1 비트코인을 보낸다면, 그 1 비트코인이 출력값이다. 출력값은 받는 사람에게 보내는 금액이 되는 셈이다. 또한, A가 1.5 비트코인을 입력값으로 사용했다면, B에게 1 비트코인이 가고, 남은 0.5 비트코인은 A에게 거스름돈(잔돈)으로 되돌아오는데 이 역시 출력값이 된다.

5. 이중지불(double-spending)

이중지불은 동일한 디지털 자산을 두 번 사용하는 행위를 말한다. 예를 들어, A가 1비트코인을 B에게 보내고 나서, 같은 1비트코인을 C에게도 보내려고 하면, 이는 이중지불에 해당한다. 디지털 자산은 복사하기 쉬운 특성이 있어, 이 문제가 발생할 수 있다.

비트코인 네트워크는 이중지불을 방지하기 위해 블록체인을 사용한다. 모든 거래는 블록에 기록되고, 네트워크의 모든 노드가 이 거래를 확인하며 검증한다. 또한, 거래가 발생하면, 그 거래는 여러 노드에 전파되어, 일관된 기록이 유지된다.
작업증명(PoW) 시스템은 공격자가 거래 기록을 변경하기 어렵게 만든다. 만약 공격자가 이전 거래를 변조하려고 하면, 그 거래 이후의 모든 블록을 다시 생성해야 하므로, 매우 많은 계산 자원과 시간이 필요하다. 결과적으로, 비트코인 네트워크는 모든 거래가 정확하게 기록되도록 하여 이중지불 문제를 효과적으로 해결한다.

6. 작업증명(Proof of Work)

작업증명(PoW)은 블록체인 네트워크에서 새로운 블록을 생성하고 거래를 검증하는 방식을 말한다. 이 시스템은 채굴자(노드)가 복잡한 수학 문제를 해결해야 하는데, 이 문제는 해시 함수를 이용해 생성된다. 문제를 해결한 노드는 블록을 만들 수 있는 권리를 부여받고, 그 대가로 비트코인을 보상받는다.
문제의 난이도는 네트워크의 상태에 따라 조정되며, 약 10분 간격으로 새로운 블록이 만들어지도록 유지된다. 이 과정은 해시값이 특정 조건(예: 많은 수의 0으로 시작해야 함)을 만족할 때까지 반복되므로, 많은 컴퓨터 자원과 시간이 소요된다.
작업증명은 네트워크의 보안을 강화하는 데도 기여한다. 공격자가 과거의 블록을 변경하려면, 그 이후 모든 블록의 작업증명을 다시 수행해야 하므로, 사실상 불가능에 가깝다. 이러한 메커니즘 덕분에 비트코인 네트워크는 안전하고 신뢰할 수 있는 시스템으로 자리 잡을 수 있었다.

7. 해시와 SHA-256 해시 함수

해시는 특정 데이터를 고유한 문자열로 변환하는 방식으로, 데이터의 무결성을 확인하는 데 사용된다. SHA-256은 미국 국가안보국이 제작한 매우 강력한 암호학적 해시 함수이다. 256비트(32바이트)의 고정된 길이(64자리)의 해시값을 생성한다. 이 해시 함수는 입력된 데이터의 작은 변화에도 전혀 다른 해시값을 출력하여, 원본 데이터의 변조 여부를 쉽게 확인할 수 있게 해준다.
SHA-256의 중요한 특성 중 하나는 충돌 저항성이다. 즉, 서로 다른 두 개의 입력이 같은 해시값을 생성하는 것은 극히 드물다. 이런 특성 때문에 해시는 데이터의 신뢰성을 보장할 수 있다. 블록체인에서는 각 블록이 이전 블록의 해시를 포함해 체인처럼 연결되는데, 이로 인해 블록이 변경되면 그 이후 모든 블록의 해시도 변경되어, 데이터의 변조가 즉시 드러난다. 비트코인에서 SHA-256이 거래와 블록의 검증 과정에서 핵심적인 역할을 한다. 거래 기록이 안전하게 저장되고, 블록 생성 시 채굴자들이 작업증명을 위해 해시값을 찾는 과정에서도 이 해시 함수가 사용된다.

8. 해시레이트와 51% 공격

해시레이트는 블록체인 네트워크에서 채굴자가 초당 얼마나 많은 해시값을 계산할 수 있는지를 나타내는 지표다. 이 값이 높을수록 채굴자는 더 많은 블록을 생성할 수 있고, 네트워크의 보안도 강화된다. 해시레이트는 네트워크의 전반적인 처리 능력과 관련이 있으며, 비트코인의 채굴 경쟁에서 중요한 역할을 한다.
반면, 51% 공격은 네트워크의 해시레이트 중 절반 이상을 가진 공격자가 발생시키는 상황이다. 공격자가 이렇게 많은 해시레이트를 확보하면, 자신의 블록을 우선적으로 생성하고, 다른 사용자들의 거래를 무효화하거나 자신이 원하는 대로 거래를 수정할 수 있다. 이로 인해 신뢰성이 떨어지고, 사용자들은 거래의 안전성을 의심하게 된다.
하지만 51% 공격을 수행하는 것은 상당히 어렵고 천문학적 비용이 소요된다. 대부분의 비트코인 네트워크는 해시레이트가 분산되어 있어, 한 개인이나 그룹이 절반 이상의 해시레이트를 통제하는 것은 현실적으로 불가능하다고 받아들여진다.

9. 노드(Node)

비트코인 네트워크에 참여하는 각각의 컴퓨터를 말한다. 노드는 거래 정보를 저장하고 검증하고 전파하는 역할을 한다. 노드는 전체 블록체인의 사본을 유지하며, 새로운 거래가 발생하면 이를 확인하고 블록에 추가하는 과정을 돕는다.
노드는 크게 두 가지 유형으로 나눌 수 있다. 첫 번째는 풀 노드(Full Node)로, 이들은 블록체인 전체를 다운로드하고 모든 거래를 검증한다. 풀 노드는 네트워크의 규칙을 지키는지 확인하고, 다른 노드에게 신뢰할 수 있는 정보를 제공한다. 두 번째는 경량 노드(Lightweight Node, SPV 노드)로, 이들은 전체 블록체인을 다운로드하지 않고 필요한 데이터만 가져온다. 경량 노드는 모바일 기기나 저사양 컴퓨터에서 사용되며, 속도가 빠르지만 안전성은 상대적으로 낮다.
노드는 비트코인 네트워크의 중요한 구성 요소로, 거래의 정확성을 보장하고, 시스템의 분산화 및 보안을 유지하는 데 기여한다. 각 노드는 독립적으로 운영되며, 서로 협력하지 않고도 네트워크의 기능을 수행할 수 있다.

10. 검증

비트코인 네트워크에서 검증은 거래가 유효한지 확인하는 과정이다. 사용자가 거래를 발생시키면, 노드는 그 거래가 규칙에 맞는지, 즉 송금자가 정당하게 취득한 충분한 비트코인을 가지고 있는지, 거래가 이중지불이 아닌지를 확인한다. 검증의 주체는 주로 '노드'라고 불리는 컴퓨터들이다. 이 노드들은 거래의 유효성을 확인하기 위해 여러 가지 내용을 점검한다. 이 과정에서 노드는 블록체인에 저장된 이전 거래 기록을 참고하여 확인을 수행한다. 모든 노드가 이러한 검증을 동시에 진행하며, 그 결과가 일치하면 해당 거래는 승인되고 블록에 추가된다.

11. 채굴

비트코인에서 '채굴'은 새로운 비트코인을 생성하고 유효한 거래를 블록체인에 추가하는 과정을 말한다. 채굴자는 고성능 컴퓨터를 사용하여 복잡한 수학 문제를 해결하고, 이를 통해 새로운 블록을 생성한다. 이 과정은 '작업증명'이라고도 하며, 블록체인 네트워크의 안전성을 유지하는 데 중요한 역할을 한다. 채굴 과정은 다음과 같다.

- **수학 문제 해결**: 채굴자는 새로운 블록을 생성하기 위해 해시 함수를 사용하여 특정 조건을 만족하는 해시값을 찾아야 한다. 이 값은 일정 개수의 0으로 시작해야 하며, 이 조건을 만족하는 해시를 찾기 위해 많은 계산을 반복한다.

- **블록 생성**: 채굴자가 유효한 해시값을 찾으면, 해당 블록은 블록체인에 추가된다. 이 블록에는 최근 거래(송금) 기록들과 이전 블록의 해시값이 포함된다.

- **보상**: 새로운 블록이 성공적으로 생성되면, 채굴자는 보상으로 일정량의 비트코인을 받는다. 이 보상은 비트코인 네트워크의 인센티브 구조의 핵심으로, 채굴자들이 지속적으로 네트워크에 참여하도록 유도한다.

- **네트워크 안전성**: 채굴자들이 경쟁적으로 블록을 생성함으로써, 네트워크의 안전성과 신뢰성이 유지된다. 만약 공격자가 블록을 수정하려고 한다면, 그 뒤에 연결된 모든 블록의 작업증명을 다시 수행해야 하므로 매우 어려운 작업이 된다.

12. 전자서명

비트코인에서 전자서명은 공인인증서 같은 것으로 거래가 정상적으로 이루어졌음을 보장하는 핵심 기술이다. 비트코인을 송금할 때, 송금자는 자신의 개인키(비밀번호)로 해당 거래에 디지털 서명을 한다. 이 과정에서 송금자는 이전 거래 내역(자신이 비트코인을 취득했던 기록)과 새로운 수취인의 공개키 정보를 암호화하여 서명을 만든다. 이 서명은 오직 송금자의 개인키로만 할 수 있으며, 이는 해당 비트코인의 실제 소유자임을 증명한다.
수취인은 송금자가 제공한 공개키를 사용해 이 서명을 검증할 수 있다. 공개키를 통해 서명이 올바르게 된 것인지 확인하는 과정에서, 거래가 위변조되지 않았다는 것을 보장받는다. 전자서명 덕분에 중간에서 거래를 조작할 수 없으며, 네트워크에 참여하는 누구나 거래 내역을 확인하고 신뢰할 수 있다.

13. 개인키와 공개키, 시드 문구

비트코인에서 개인키는 비트코인을 소유하고 사용할 수 있는 매우 중요한 비밀번호와 같은 것이다. 개인키는 오직 소유자만 알고 있어야 하며, 이를 사용해 비트코인을 송금하거나 거래에 서명할 수 있다. 공개키는 개인키에서 생성된 값으로, 다른 사람에게 공유해도 되는 정보다. 공개키는 주소로 변환되어 비트코인을 받을 때 사용되며, 은행 계좌 번호와 비슷하다. 시드 문구(Seed Phrase)는 12개 또는 24개의 영어 단어로 이루어진 조합으로, 개인키를 복구하는 데 사용된다. 시드 문구를 안전하게 보관하면, 지갑을 분실하거나 하드웨어가 고장나더라도 다른 장치에서 비트코인을 복구할 수 있다. 시드 문구는 개인키를 생성할 수 있고 개인키에서 공개키와 지갑이 생성되기 때문에, 이것이 유출되면 타인이 마음대로 내 지갑에 접근하여 나의 비트코인을 사용할 수 있다.

14. 지갑과 주소

비트코인에서 지갑은 비트코인을 관리하고 보관하는 도구이다. 하지만, 비트코인이 실제로 저장되어있는 것은 아니다. 지갑은 비트코인 네트워크 상에서 비트코인을 사용할 수 있는 권리를 관리하는 역할을 한다. 이를 위해 가장 중요한 정보가 개인키이다. 개인키는 비트코인을 사용할 수 있는 '비밀번호'로, 이를 통해 비트코인 거래에 서명하고 비트코인의 소유권을 증명한다. 개인키는 지갑에서 안전하게 보관되고 유출되지 않아야 한다. 실제 송금할 때는 사용자가 직접 개인키를 입력하는 건 아니고 지갑 소프트웨어가 자동으로 처리해주기 때문에 지갑의 개인키가 노출될 일은 별로 없다.
주소는 비트코인을 받을 때 사용하는 고유한 문자열이다. 마치 은행 계좌번호와 같은 역할을 한다. 공개키를 이용해 주소를 생성하는데, 비트코인을 보내려면 상대방의 주소를 알고 있어야 한다. 한 번 생성된 주소는 계속 사용할 수 있지만, 보안을 위해 매 거래마다 새로운 주소를 사용하는 것이 권장된다. 이를 통해 거래 내역이 특정 사용자의 주소와 직접 연결되지 않도록 하여 프라이버시를 보호할 수 있다. 지갑은 이런 여러 주소를 관리해 주는 역할을 한다.

비트코인 송금과 수신

비트코인 지갑을 만들고 실제로 비트코인을 보내고 받는 과정을 살펴보자.

- **지갑 생성**: 먼저 새로운 비트코인 지갑을 만들어야 한다. 인터넷이나 모바일에서 쉽게 만들 수 있다. 지갑을 만들 때는 시드 문구(복구 구문)를 반드시 기록해두어야 한다. 이는 지갑을 복구하는 데 필요한 중요한 정보이다.

- **주소 확인**: 지갑을 생성한 후에는 주소를 확인해야 한다. 이 주소는 비트코인을 보낼 때 상대방에게 알려줘야 하는 주소이다.

- **송금**: 비트코인을 송금하려면 상대방의 주소와 보낼 금액을 입력해야 한다. 일부 지갑에서는 QR 코드 스캔 기능을 제공하여 간편하게 주소를 입력할 수 있다. 송금 수수료가 부과될 수 있으므로 미리 확인한다.

- **수신**: 비트코인을 수신하려면 지갑 주소를 상대방에게 알려줘야 한다. 상대방이 해당 주소로 비트코인을 보내오면, 지갑에서 알림을 받게 된다. 수신한 비트코인은 지갑에서 확인할 수 있다.

- **거래 내역 확인**: 지갑에서는 거래 내역을 확인할 수 있다. 이를 통해 이전에 이루어진 거래를 추적하고, 잔액을 확인할 수 있다.

15. 공격자

비트코인에서 '공격자'는 네트워크나 거래를 방해하거나 자신의 이익을 위해 시스템을 악용하려는 개인 또는 단체를 의미한다. 대표적인 공격 방식 중 하나는 51% 공격으로, 이는 공격자가 네트워크의 전체 해시파워 중 51% 이상을 확보할 경우 발생한다. 이 공격을 통해 공격자는 이중지불을 시도하거나, 블록체인을 위변조하여 자신에게 유리한 방향으로 거래 내역을 수정할 수 있다. 그러나 51% 공격은 어마어마한 비용과 자원이 필요하고, 성공 가능성이 낮아서 현실에서 일어나긴 어렵다.
또한 거래 스팸 공격과 같은 다른 공격 방식도 존재하는데, 이는 네트워크에 대량의 거래를 보내 시스템을 지연시키려는 시도이다. 그러나 비트코인 네트워크는 탈중앙화된 구조로 많은 노드들이 상호 검증을 통해 거래의 유효성을 확인하기 때문에 공격자의 악의적인 시도를 효과적으로 방어한다.

16. 메시지

비트코인에서 메시지는 네트워크 내에서 노드들 간에 주고받는 정보를 의미한다. 이 메시지는 주로 거래 정보나 새로운 블록과 같은 데이터를 포함하며, 이를 통해 네트워크가 계속해서 업데이트되고 동기화된다. 각 메시지는 노드들 사이에서 전파되어 비트코인 거래나 블록 생성에 대한 정보를 전달하고, 거래의 유효성을 확인하는 데 중요한 역할을 한다.

17. 전파(브로드캐스트)

비트코인에서 전파나 브로드캐스트는 거래나 새로운 블록의 정보를 네트워크에 연결된 모든 노드에게 전달하는 과정을 의미한다. 예를 들어, 사용자가 비트코인 송금 거래를 만들면, 해당 거래 정보는 네트워크의 노드들로 전파되어 다른 노드들이 이를 확인하고 블록에 포함할 수 있다. 이렇게 전파된 정보는 비트코인 네트워크 전체에 동기화되어 모든 참여자가 동일한 정보를 갖게 된다.

18. 타임스탬프

비트코인에서 타임스탬프는 거래나 블록이 언제 발생했는지를 기록하는 시간 표시다. 블록체인에 포함된 모든 거래와 블록에는 각각의 타임스탬프가 있어, 이들이 발생한 순서를 명확히 알 수 있게 해준다. 이를 통해 거래나 블록의 시간 순서를 추적하고, 이중지불 같은 문제를 방지할 수 있다.

19. 인센티브(보상)

비트코인에서 인센티브는 채굴자가 네트워크를 유지하고 블록을 생성할 때 받는 보상이다. 채굴자가 블록을 성공적으로 생성하면, 그에 대한 보상으로 비트코인이 주어지는데, 이는 두 가지로 구성된다. 첫째는 새롭게 발행되는 비트코인(블록 보상)이고, 둘째는 그 블록에 포함된 거래들이 지불한 수수료다. 이러한 인센티브 덕분에 채굴자들은 네트워크의 보안을 유지하고 거래를 처리하는 데 계속 참여하게 된다. 2009년 이후 네 차례의 반감기를 거쳐 2024년 10월 현재 블록 생성에 대한 보상은 3.125 비트코인이다.

20. 머클 트리와 머클 루트

비트코인에서 머클 트리(Merkle Tree)는 블록에 포함된 모든 거래를 효율적으로 요약하고 검증할 수 있게 하는 데이터 구조다. 블록에 담긴 각 거래는 해시 함수로 변환되어 해시값이 된다. 이 해시값들은 두 개씩 짝을 이루어 다시 해시 함수로 결합되는데, 이를 반복해 트리 모양의 구조가 만들어진다. 이 과정이 계속되면, 결국 하나의 최상단 해시값인 머클 루트(Merkle Root)가 생성된다.

머클 트리의 장점은, 전체 거래 데이터를 모두 확인하지 않고도 특정 거래가 블록에 포함되었는지 검증할 수 있다는 점이다. 예를 들어, 블록체인 노드들은 최상단의 머클 루트만 가지고 있으면 그 블록에 포함된 개별 거래를 쉽게 검증할 수 있다. 이 구조는 블록체인의 효율성을 높여주며, SPV(간소화된 지불 검증) 같은 경량 클라이언트가 전체 블록체인을 다운로드하지 않고도 거래를 확인할 수 있게 해준다.

0
초록

Abstract. A purely peer-to-peer version of electronic cash would allow online payments to be sent directly from one party to another without going through a financial institution. Digital signatures provide part of the solution, but the main benefits are lost if a trusted third party is still required to prevent double-spending. We propose a solution to the double-spending problem using a peer-to-peer network. The network timestamps transactions by hashing them into an ongoing chain of hash-based proof-of-work, forming a record that cannot be changed without redoing the proof-of-work. The longest chain not only serves as proof of the sequence of events witnessed, but proof that it came from the largest pool of CPU power. As long as a majority of CPU power is controlled by nodes that are not cooperating to attack the network, they'll generate the longest chain and outpace attackers. The network itself requires minimal structure. Messages are broadcast on a best effort basis, and nodes can leave and rejoin the network at will, accepting the longest proof-of-work chain as proof of what happened while they were gone.

초록. 순수 P2P 방식의 전자화폐는 금융기관을 거치지 않고도 어느 한 쪽에서 다른 한 쪽으로 직접 전달되는 온라인 결제를 가능하게 만든다. 전자서명이 부분적인 해결책을 제공한다고 하더라도 이중지불을 막기 위해 여전히 신뢰받는 제3자를 필요로 한다면, 주요 장점들은 사라지게 된다. 우리는 P2P 네트워크를 사용해 이중지불 문제를 해결하는 방법을 제안한다. 이 네트워크는 거래에 해싱을 통해 타임스탬프를 부여하고, 이 해싱을 해시 기반의 작업증명으로 만들어 연속적인 해시 체인에 연결한다. 이를 통해 작업증명을 다시 하지 않고는 변경 불가능한 기록을 생성한다. 가장 긴 체인은 이벤트들이 목격된 순서를 증명하며, 가장 큰 컴퓨팅 파워 풀(pool)에서 나왔음을 증명한다. 네트워크 공격에 협력하지 않는 노드들이 과반수의 컴퓨팅 파워를 가진 상황이라면 이 노드들이 가장 긴 체인을 만들어내고, 이들이 공격자들보다 앞설 것이다. 네트워크 자체는 최소한의 구조만을 필요로 한다. 거래 메시지는 가능한 범위 안에서 최대한 많은 노드로 발신되며, 각 노드들은 언제든 임의로 네트워크를 떠났다가 가장 긴 작업증명 체인을 그들이 없던 사이에 일어난 일들에 대한 증명으로 받아들여 다시 합류할 수 있다.

개념과 원리

초록은 비트코인의 개념과 기본 원리에 대해 개괄적으로 서술한 곳이다. 이중지불 문제를 해결하기 위해 작업증명과 블록체인 기술을 사용하는 방식을 설명한다.

순수 P2P 방식의 전자화폐: 중앙기관이나 은행, 중개자 없이, 사용자 간에 직접 거래가 이루어지는 디지털 화폐.

블록체인 개념도

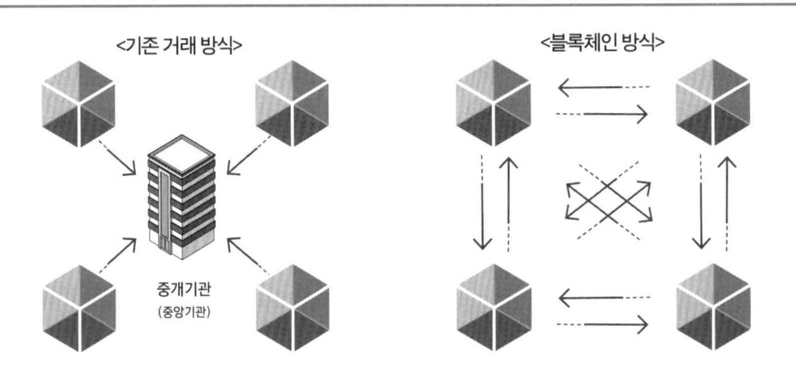

블록체인 기술은 중개 기관 없이 개인 대 개인 거래가 가능하게 한다.

전자서명: 디지털 서명을 의미하며, 전자 문서나 메시지의 작성자 신원을 확인하고, 해당 문서나 메시지가 위조되거나 변조되지 않았음을 증명하는 데 사용된다. 전자서명은 암호화 기술을 기반으로 하고, 공인인증서와 같은 형태로 사용되기도 한다. 비트코인과 같은 디지털 화폐에서는 특히 중요한 역할을 한다. 비트코인 거래(송금)를 할 때, 송금자는 자신의 개인키로 해당 거래에 전자서명한다. 그러나 실제에 있어서 전자서명은 송금자가 개인키를 직접 입력하는 것이 아니라 지갑(소프트웨어)이 자동으로 처리해준다. 이 서명은 수학적 알고리즘을 통해 생성되며, 거래의 무결성과 송금자의 소유권을 증명한다.

이중지불(double-spending): 동일한 디지털 화폐를 두 번 이상 사용하는 것을 말한다. 온라인 상품권이나 쿠폰 같은 것을 떠올리면 쉽게 이해된다. 이는 디지털 화폐의 특성상 복제가 쉽기 때문에 발생할 수 있는 문제이다. 비트코인은 블록체인을 통해 모든 거래를 기록하고 검증함으로써 이중지불을 방지한다.

P2P 네트워크: 중앙 서버 없이 사용자들 간에 직접 데이터를 주고받는 분산형 네트워크를 의미한다. 각 참가자는 동등한 권한을 가지고 정보를 공유하며, 네트워크의 안정성과 효율성을 높인다. 비트코인 네트워크는 이러한 P2P 구조를 활용해 거래를 처리하고 검증한다.

거래: 영어 'transaction 트랜잭션'. 비트코인 네트워크 내에서 코인을 주고받는 송금과 수취 과정을 말한다. 이는 비트코인을 한 주소에서 다른 주소로 이동시키는 기록이다. 모든 거래(트랜잭션)은 비트코인 블록체인에 기록되며, 모든 참여자가 검증하고 확인할 수 있다.

거래에 해싱을 통해 타임스탬프를 부여하고: 개별 거래의 데이터를 해시 함수로 처리해 고유한 해시값을 생성하고, 이 값을 통해 거래가 발생한 시간을 기록하는 것을 말한다. 해시(Hash)는 임의의 입력 데이터를 고정된 크기의 고유한 출력 값(해시값)으로 변환하는 암호화 기법이다. 해시는 입력 데이터가 조금이라도 변경되면 완전히 다른 해시값을 생성하여, 데이터의 변조를 쉽게 감지할 수 있도록 한다. 이를 통해 거래의 무결성과 시간 순서를 유지하며, 거래가 변경되지 않았음을 보장한다. (해시 함수에 대한 자세한 사항은 '4. 작업증명' 참조)

해싱 알고리즘

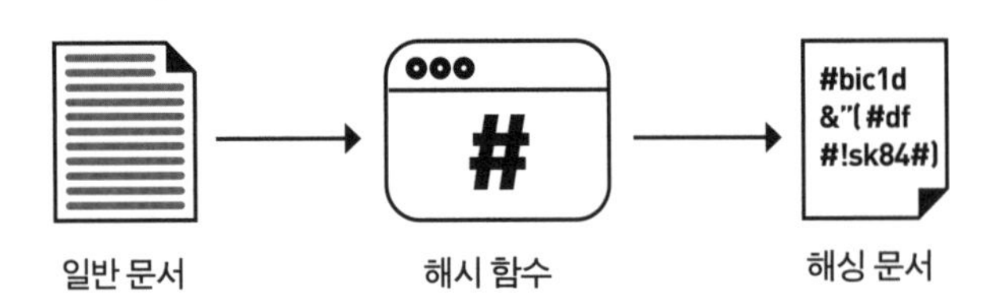

문서 혹은 데이터의 크기나 길이에 상관없이 같은 길이의 출력을 생성한다.

이 해싱을 해시 기반의 작업증명으로 만들어 연속적인 해시 체인에 연결한다: 작업증명이란 (거래들을 모은 박스 같은) 블록을 생성하기 위해 수행하는 계산 작업을 말한다. 이를 통해 생성된 블록은 고유한 해시값을 가지며, 이전 블록의 해시값을 포함하여 블록체인에 연결된다. 이렇게 하면 각 블록은 이전 블록과 암호학적으로 연결되어 연속적인 해시 체인을 형성한다. 블록체인은 변경이 불가능한 일련의 거래 기록이다.

비트코인 블록체인

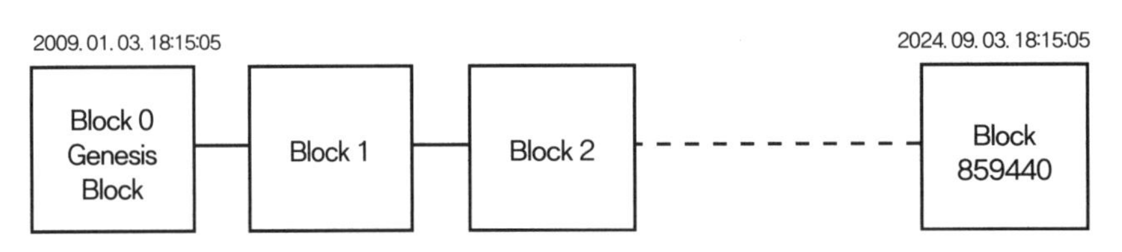

2009년 1월 3일 최초 블록(제네시스 블록)이 생성된 이후 2024년 9월 현재까지 10분마다 하나씩 생성되어 85만 9천여 개의 블록이 한 줄로 연결되어 있다.

작업증명을 다시 하지 않고는 변경 불가능한 기록을 생성: 작업증명은 블록을 생성할 때 수행해야 하는 복잡한 계산 작업이다. 한 번 생성된 블록은 고유한 해시값을 가지며, 이 해시값은 블록의 모든 정보를 포함한다. 이 블록을 변경하려면 원래의 작업증명을 다시 해야 하기 때문에, 블록을 변경하는 것은 매우 어렵다. 따라서 작업증명을 통해 생성된 블록은 신뢰할 수 있는 불변의 기록이 된다.

블록의 구조

구분		
	블록 해시	
헤더	버전	이전 블록 해시
헤더	머클루트	시간
헤더	난이도 목표	논스
	거래 건수	
바디	코인베이스 트랜잭션	
바디	거래내역 #1	
바디	거래내역 #2	
바디	⋮	
바디	거래내역 #N	

약 2,000건 정도의 거래 정보를 모아 하나의 블록이 구성되며, 개별 거래를 해싱하고, 두 건씩을 모아 다시 해싱하고 해싱하여 최종 머클 루트 해시값을 얻는다. 머클 루트는 블록 헤더에 저장된다. 맨위 블록 해시는 블록 헤더 데이터를 두 번 해싱하여 얻은 해시값으로 블록의 고유 식별자이자 다음 블록 헤더에 포함되어 '이전 블록 해시'가 된다.

가장 긴 체인은 이벤트들이 목격된 순서를 증명하며, 가장 큰 컴퓨팅 파워 풀(pool)에서 나왔음을 증명한다: 블록체인에서 '가장 긴 체인'은 가장 많은 작업증명을 포함한 체인을 말하며, 가장 많은 컴퓨팅 파워를 사용한 노드들이 생성한 블록들로 이루어져 있다. 이 때문에 '가장 긴 체인 규칙'에 의해 가장 긴 체인은 신뢰할 수 있는 블록체인으로 간주된다. 블록체인은 순서대로 한 줄로 연결되어 있어서 그 자체로 어떤 순서로 생성되었는지 드러낸다.

노드: 비트코인 네트워크에 참여하는 각각의 컴퓨터 또는 장치를 의미한다. 노드는 거래를 검증하고 블록을 생성하며, 네트워크의 안전성과 분산성을 유지하는 데 중요한 역할을 한다. 풀 노드와 채굴 노드, 경량 노드가 있으며, 풀 노드는 블록체인의 전체 사본을 보관하고 검증하는 반면, 채굴 노드는 새로운 블록을 생성하고 보상을 받기 위해 작업증명을 수행한다.

과반수의 컴퓨팅 파워: 비트코인에서 '과반수의 컴퓨팅 파워'는 네트워크 전체 해시 파워의 51% 이상을 의미한다. 이는 네트워크의 작업증명 합의 메커니즘에서 가장 큰 영향을 미치며, 과반수의 컴퓨팅 파워를 가진 채굴자는 네트워크를 통제하고 블록체인을 변경할 수 있는 잠재적 권한을 가진다. 만약 악의적인 행위자가 과반수의 컴퓨팅 파워를 장악하면 네트워크를 조작할 가능성이 생기므로, 이를 방지하는 것이 중요하다.

51% 공격: 비트코인 네트워크에서 채굴자의 과반수(51% 이상)가 힘을 합쳐 블록체인 네트워크를 장악하는 상황을 의미한다. 이 경우, 공격자들은 거래를 조작하거나 이중지불을 실행하는 등 네트워크의 신뢰성을 해칠 수 있다. 그러나 실제로 51% 공격을 성공시키는 것은 매우 어렵고 비용이 많이 든다.

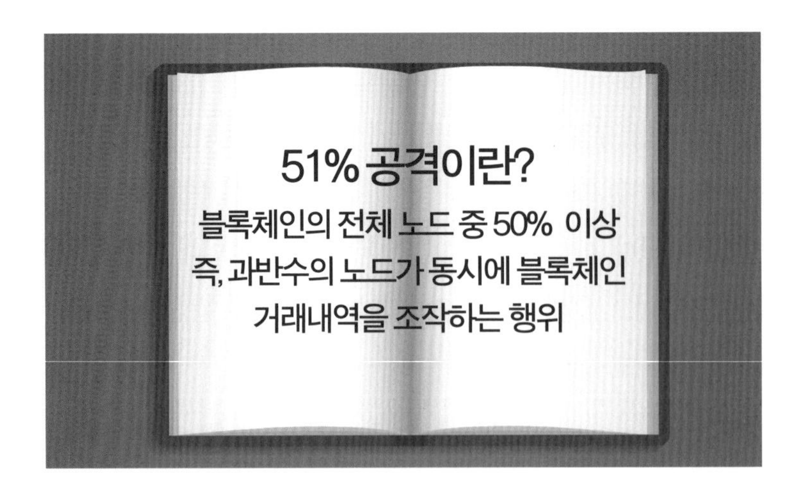

네트워크 자체는 최소한의 구조만을 필요로 한다: 비트코인 네트워크는 중앙 서버나 관리 시스템 없이 작동할 수 있도록 설계되었다. 각 노드가 독립적으로 거래를 검증하고 블록을 생성할 수 있다. 최소한의 구조만으로 분산된 방식으로 데이터가 저장된다. 이로 인해 네트워크는 단순하지만 매우 견고하게 운영될 수 있다.

거래 메시지: 비트코인의 송금 정보를 담고 있는 데이터 패킷을 말한다. 이 메시지에는 송금자의 지갑 주소, 수취자의 주소, 송금액, 수수료, 서명 등이 포함되어 있으며, 네트워크 상의 노드들에게 전송되어 거래의 유효성을 검증받는다.

가장 긴 작업증명 체인을 그들이 없던 사이에 일어난 일들에 대한 증명으로 받아들여 다시 합류: 네트워크에서 노드가 오프라인 상태였다가 다시 온라인으로 돌아오면, '가장 긴 작업증명 체인'을 통해 그동안 발생한 거래 내역을 확인한다. 이 체인은 가장 많은 계산 작업이 들어간 블록체인이며, 따라서 가장 신뢰할 수 있는 블록체인이다. 노드는 이를 바탕으로 네트워크에 다시 합류하여 최신 상태로 동기화된다.

이해하기 쉬운 번역

초록. 비트코인은 중간에 은행을 끼지 않고 개인들끼리 온라인상에서 직접 돈을 주고받을 수 있는 디지털 화폐이다. 지금까지는 은행 같은 신뢰할 수 있는 제3자가, 이미 사용한 돈을 다시 쓰는 '이중지불' 문제를 해결해주었지만, 이 방법은 완벽하지 않았다. 비트코인은 P2P 네트워크를 사용해서 이 문제를 해결하려고 한다. P2P 네트워크에서는 사람들이 거래(송금)할 때마다 그 송금 시간을 기록하는데, 이 기록을 '타임스탬프'라고 한다. 그리고 이 타임스탬프를 검증하는 과정을 '작업증명'이라고 부른다. 작업증명을 통해 검증된 송금 기록은 '블록체인'이라는 데이터베이스에 저장된다. 블록체인은 서로 한 줄로 연결된 여러 개의 블록을 말하며, 각 블록에는 약 2천 건 안팎의 거래(송금) 기록이 들어 있다. 새로운 송금 기록이 블록체인에 추가되려면, 그 블록이 작업증명을 통과해야 한다. 이렇게 하면 작업증명을 다시 하지 않는 이상 그 기록을 바꿀 수 없다. 가장 긴 체인은 가장 많은 컴퓨팅 파워를 가진 노드들이 만든 것이다. 여기서 '노드'라 함은 비트코인 네트워크에 참여하는 각각의 컴퓨터를 말한다. 이 체인은 블록이 생성된 순서대로 연결되므로 그 자체로 사건들이 일어난 순서를 증명한다. 네트워크 공격에 협력하지 않는 정직한 노드들이 컴퓨팅 파워의 과반수를 차지하면, 이들이 가장 긴 체인을 만들어내고 공격자들보다 앞서게 된다. 비트코인 네트워크는 아주 간단한 구조만을 필요로 한다. 거래(송금) 메시지는 가능한 많은 노드에 보내지고, 각 노드는 언제든 네트워크를 떠났다가 다시 합류할 수 있다.

개념과 원리

블록체인은 서로 한 줄로 연결된 여러 개의 블록을 말하며, 각 블록에는 약 2천 건 안팎의 거래(송금) 기록이 들어 있다. 비트코인은 2009년 1월 첫 번째 블록(제네시스 블록)이 사토시에 의해 생성된 이후 2024년 9월 현재 약 85만 개 이상의 블록이 채굴되어 일렬로 연결되어 있다. 블록 하나에는 약 1,500~2,500건의 거래 기록이 담겨져 있다.

비트코인 블록체인에 저장되는 정보는 다음과 같다.

1) 개별 거래의 세부 정보

- 송금인 주소 (보내는 사람의 비트코인 주소)
- 수취인 주소 (받는 사람의 비트코인 주소)
- 금액 (전송된 비트코인 양)
- 거래 시간 (트랜잭션이 발생한 시간)

2) 블록의 메타데이터

- 직전 블록의 해시값 (이전 블록을 가리키는 해시)
- 블록의 타임스탬프 (블록이 생성된 시간)
- 머클 루트 (블록 내 모든 트랜잭션의 해시값을 포함하는 머클 트리의 루트 해시)
- 난이도 목표 (블록을 채굴하는 데 필요한 난이도)
- 논스 (채굴자가 목표 난이도에 도달하기 위해 시도한 값)

트랜잭션(거래)

트랜잭션은 '거래'로 번역되며, 비트코인 네트워크에서 코인을 주고받는 송금과 수취 과정을 말한다. 이는 비트코인을 한 주소에서 다른 주소로 이동시키는 기록이다. 모든 트랜잭션은 비트코인 블록체인에 기록되며, 모든 참여자가 검증하고 확인할 수 있다.

1. 트랜잭션 구성 요소

1) 입력(input): 입력은 송금자가 이전에 받은 비트코인을 다른 곳으로 보내기 위해 사용하는 트랜잭션 요소이다. 이는 송금자가 현재 보유하고 있는 비트코인이며 과거 거래의 출력이기도 하다. 다시 말해, 과거 거래에서 어디에선가 받은 것이다. 여러 개의 입력이 존재할 수 있다.

2) 출력(output): 출력은 비트코인을 받을 주소와 보내지는 금액을 나타낸다. 여러 사람에게 동시에 송금할 수 있어서 여러 개의 출력이 존재할 수 있으며, 여기에는 개별 수취인에게 보내지는 금액 모두와 송금자에게 반환되는 거스름돈(잔액)이 포함될 수 있다.

3) 서명(signature): 트랜잭션 생성 후, 지갑 소프트웨어가 자동으로 개인키를 사용해 트랜잭션에 디지털 서명을 한다. 이는 트랜잭션이 정당한 소유자에 의해 만들어졌음을 보장한다. 송금자가 직접 개인키 값을 입력하는 것은 아니다.

4) 수수료(fee): 채굴자가 트랜잭션을 블록에 포함시키는 대가로 받는 비트코인. 이는 입력 총액에서 출력 총액을 뺀 차이로 계산된다. 송금자가 임의로 정할 수도 있지만 대개는 지갑에서 자동 설정된다.

2. 트랜잭션의 과정

1) 트랜잭션 생성: 송금자가 비트코인을 보내기 위해 트랜잭션을 생성한다. 보내는 주소, 받는 주소, 금액, 수수료 등을 설정한다.

2) 서명: 트랜잭션 생성 후, 지갑 소프트웨어가 자동으로 개인키를 사용해 트랜잭션에 디지털 서명을 한다.

3) 브로드캐스트: 서명된 트랜잭션은 네트워크에 브로드캐스트되어 다른 노드에게 전파된다.

4) 검증: 각 노드는 트랜잭션의 유효성을 검증한다. 이는 트랜잭션의 입력이 올바른지, 서명이 유효한지, 이중지불이 아닌지를 확인하는 과정이다.

5) 블록에 포함: 검증된 트랜잭션은 채굴자에 의해 블록에 포함된다. 이때 트랜잭션 수수료는 채굴자에게 지급된다.

6) 블록체인 추가: 새로운 블록은 기존 블록체인에 추가되고, 네트워크 전체에 전파된다. 트랜잭션은 이제 블록체인에 영구적으로 기록된다.

1
서론

1. Introduction

Commerce on the Internet has come to rely almost exclusively on financial institutions serving as trusted third parties to process electronic payments. While the system works well enough for most transactions, it still suffers from the inherent weaknesses of the trust based model. Completely non-reversible transactions are not really possible, since financial institutions cannot avoid mediating disputes. The cost of mediation increases transaction costs, limiting the minimum practical transaction size and cutting off the possibility for small casual transactions, and there is a broader cost in the loss of ability to make non-reversible payments for non-reversible services. With the possibility of reversal, the need for trust spreads. Merchants must be wary of their customers, hassling them for more information than they would otherwise need. A certain percentage of fraud is accepted as unavoidable. These costs and payment uncertainties can be avoided in person by using physical currency, but no mechanism exists to make payments over a communications channel without a trusted party.

What is needed is an electronic payment system based on cryptographic proof instead of trust, allowing any two willing parties to transact directly with each other without the need for a trusted third party. Transactions that are computationally impractical to reverse would protect sellers from fraud, and routine escrow mechanisms could easily be implemented to protect buyers. In this paper, we propose a solution to the double-spending problem using a peer-to-peer distributed timestamp server to generate computational proof of the chronological order of transactions. The system is secure as long as honest nodes collectively control more CPU power than any cooperating group of attacker nodes.

1. 서론

인터넷 상거래는 전자결제를 처리하기 위해 신뢰받는 제3자 역할을 하는 금융기관들에 거의 전적으로 의존해왔다. 이러한 방식은 대부분의 거래에서 잘 작동하지만, 여전히 신뢰 기반 모델의 태생적 약점에서 벗어나지 못했다. 금융기관들은 분쟁 중재를 피할 수 없기 때문에, 완벽한 취소 불가능 거래는 정말 불가능하다. 중재 비용은 거래 비용을 증가시켜 실용적인 최소 거래 규모를 제한하고 작은 일상적인 거래 가능성을 차단하며, 취소 불가능한 서비스에 맞는 취소 불가능한 결제 기능이 없어서 더 큰 비용이 발생하게 만든다. 이러한 취소 가능성 때문에 신뢰의 필요성은 확대된다. 판매자는 고객을 경계할 수밖에 없고, 그들에게 일반적으로 필요한 것보다 더 많은 정보를 요구하며 번거롭게 한다. 일정 비율의 사기는 불가피한 것으로 받아들여진다. 이런 비용들과 결제의 불확실성은 대면 거래에서는 물리적 화폐를 사용해 피할 수 있지만, 온라인상에서는 신뢰받는 제3자 없이 결제할 방법이 딱히 존재하지 않는다.

필요한 것은, 신뢰 기반이 아닌 암호학적 증명 기반의 전자지불 시스템으로, 이는 거래 의사가 있는 두 당사자가 신뢰받는 제3자 없이도 직거래를 할 수 있게 해준다. 계산적으로 취소가 거의 불가능한 거래는 사기로부터 판매자를 보호하며, 일반적인 에스크로 방식을 간편하게 도입하여 구매자를 보호할 수 있다. 이 논문에서 우리는 거래의 시간 순서에 대한 전산적 증명을 생성하는 P2P 분산 타임스탬프 서버를 이용하여 이중지불 문제를 해결하는 방법을 제시하고자 한다. 이 시스템은 정직한 노드들이 공격자 노드들보다 더 많은 컴퓨팅 파워로 통제하는 한 보안상 안전하다.

개념과 원리

완벽한 취소 불가능 거래는 정말 불가능하다: 거래에서 취소나 환불을 아예 불가능하게 만드는 것은 기존의 금융 시스템에서는 불가능하다는 뜻. 금융기관들이 분쟁 해결을 위해 거래를 취소하거나 조정해야 하는 경우가 있기 때문이다. 그러나 블록체인 네트워크에서는 가능하다. '완벽한 취소 불가능 거래'는 블록체인 기술의 중요한 특징 중 하나로, 일단 네트워크에 등록된 거래는 변경하거나 취소할 수 없다. 블록체인 기술은 탈중앙화된 방식으로 운영되며, 모든 거래는 네트워크의 여러 노드에 의해 검증되고 기록된다. 이러한 구조 덕분에 블록체인에 기록된 거래는 영구적으로 남게 되며, 어떤 사용자도 이를 임의로 변경하거나 삭제할 수 없다.

실용적인 최소 거래 규모를 제한하고: 국제 송금 같은 경우 수수료가 높아 소액 거래는 하기 힘들다. 은행 송금도 아주 작은 단위의 거래는 수수료가 배보다 큰 배꼽일 수 있고, 카드도 소액 사용은 거절되기도 한다. 아주 작은 단위의 국제 송금도 비트코인이라면 가능하다.

취소 불가능한 서비스: 영화, 음악, e-book, 소프트웨어 다운로드 등 디지털 제품은 일단 구매하면 환불이 어렵다. 사용자가 이미 파일을 다운로드하고 사용하거나 복제할 수 있기 때문이다. 대부분의 항공권이나 호텔 예약은 일정 기간 내에만 무료 취소가 가능하고, 그 이후에는 취소가 불가능하거나 높은 취소 수수료가 부과된다. 법률 상담, 컨설팅, 의료 서비스 등은 제공된 이후에는 취소나 환불이 어렵다.

취소 불가능한 결제 기능: 한 번 결제가 이루어지면 그 결제를 취소하거나 되돌릴 수 없는 결제 시스템. 비트코인과 같은 암호화폐 결제 시스템은 이러한 특징을 가지고 있다.

암호학적 증명 기반의 전자지불 시스템: 암호화 기술과 전자서명을 통해 중개자 없이도 신뢰할 수 있는 안전한 전자결제가 가능한 시스템. 바로 비트코인이다. 모든 거래 내역은 블록체인에 기록되어 투명하고 변경할 수 없게 관리된다.

에스크로(Escrow) 방식: 거래의 안전성을 보장하기 위해 중개자가 구매자의 결제 대금을 보관하고, 상품이 정상적으로 전달된 후 판매자에게 대금을 지급하는 방식. 현재 대부분의 온라인 상거래 플랫폼이 이 방식을 사용하고 있다. 거래 당사자 간의 신뢰 문제를 해결하고, 사기나 분쟁을 방지할 수 있다.

에스크로 방식

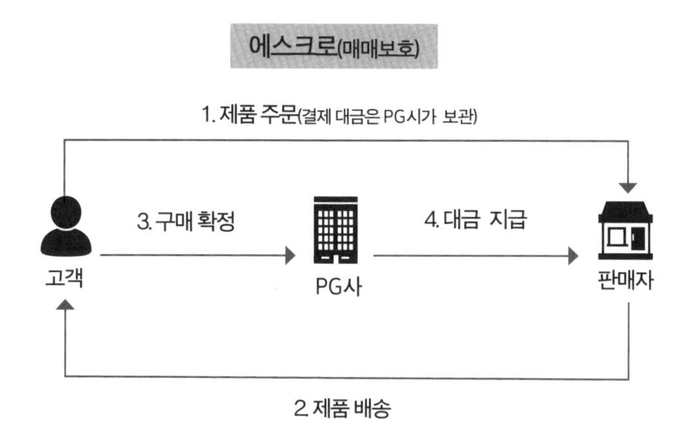

거래의 시간 순서에 대한 전산적 증명을 생성하는 P2P 분산 타임스탬프 서버: 각 거래의 발생 순서를 기록하고 이를 전산적으로 증명하는 시스템이다. P2P 네트워크를 통해 중앙 서버 없이 분산되어 운영된다. 모든 거래는 타임스탬프가 찍힌 블록에 포함되며, 이 블록들은 해시를 통해 연결되어 블록체인이 된다. 이렇게 하면 모든 거래의 시간 순서가 변경 불가능하게 된다. 블록체인 기술의 핵심 요소이다.

이해하기 쉬운 번역

1. 서론

인터넷에서 쇼핑을 하거나 송금을 할 때, 보통 은행 같은 신뢰할 수 있는 제3자가 필요하다. 이 방법은 대부분 잘 작동하지만, 여전히 문제가 있다. 은행은 분쟁을 중재해야 해서 어떤 거래라도 필요한 경우에는 취소하거나 변경할 수 있는 여지를 남겨두어야 한다. 그래서 완벽하게 취소할 수 없는 거래는 불가능하다. 중재 비용은 거래 비용을 높이고, 소액 거래를 어렵게 한다. 또한 다운로드 같은 한 번 제공하면 돌이킬 수 없는 서비스에 걸맞은 취소할 수 없는 결제를 제공하기 어렵다. 이런 이유로 신뢰의 필요성은 더 커진다. 판매자는 고객을 경계하게 되어 필요 이상의 정보를 요구한다. 그럼에도 어느 정도의 사기는 피할 수 없다. 이런 비용과 결제의 불확실성은 직접 만나는 대면 거래에서는 현금을 사용해 피할 수 있지만, 온라인에서는 신뢰할 수 있는 제3자 없이 결제할 방법이 없다.

그래서 암호학적 증명을 사용하는 전자지불 시스템이 필요하다. 이 시스템은 거래를 원하는 두 사람이 신뢰할 수 있는 제3자 없이도 직접 거래할 수 있게 한다. 취소할 수 없는 거래는 사기로부터 판매자를 보호한다. 그리고 구매자는 에스크로 방식을 도입하여 보호받을 수 있다. 이 논문에서는 거래의 시간 순서를 기록하는 P2P 타임스탬프 서버를 사용해 이중지불 문제를 해결하는 방법을 제안한다. 이 시스템은 정직한 컴퓨터들이 공격자 컴퓨터들보다 더 많은 연산 능력을 가지고 있는 한 안전하다.

2
거래

2. Transactions

We define an electronic coin as a chain of digital signatures. Each owner transfers the coin to the next by digitally signing a hash of the previous transaction and the public key of the next owner and adding these to the end of the coin. A payee can verify the signatures to verify the chain of ownership.

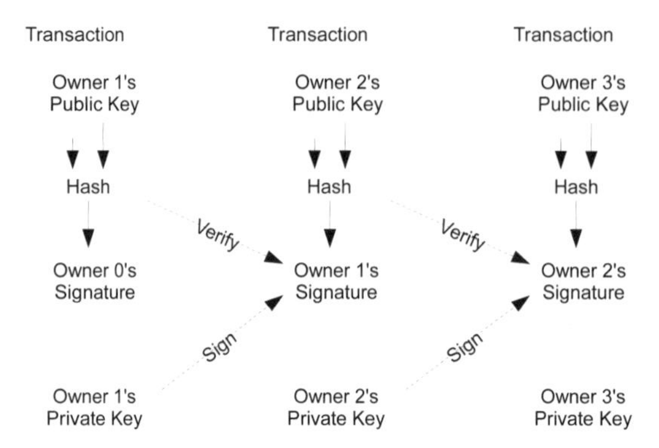

The problem of course is the payee can't verify that one of the owners did not double-spend the coin. A common solution is to introduce a trusted central authority, or mint, that checks every transaction for double spending. After each transaction, the coin must be returned to the mint to issue a new coin, and only coins issued directly from the mint are trusted not to be double-spent. The problem with this solution is that the fate of the entire money system depends on the company running the mint, with every transaction having to go through them, just like a bank.

We need a way for the payee to know that the previous owners did not sign any earlier transactions. For our purposes, the earliest transaction is the one that counts, so we don't care about later attempts to double-spend. The only way to confirm the absence of a transaction is to be aware of all transactions. In the mint based model, the mint was aware of all transactions and decided which arrived first. To accomplish this without a trusted party, transactions must be publicly announced [1], and we need a system for participants to agree on a single history of the order in which they were received. The payee needs proof that at the time of each transaction, the majority of nodes agreed it was the first received.

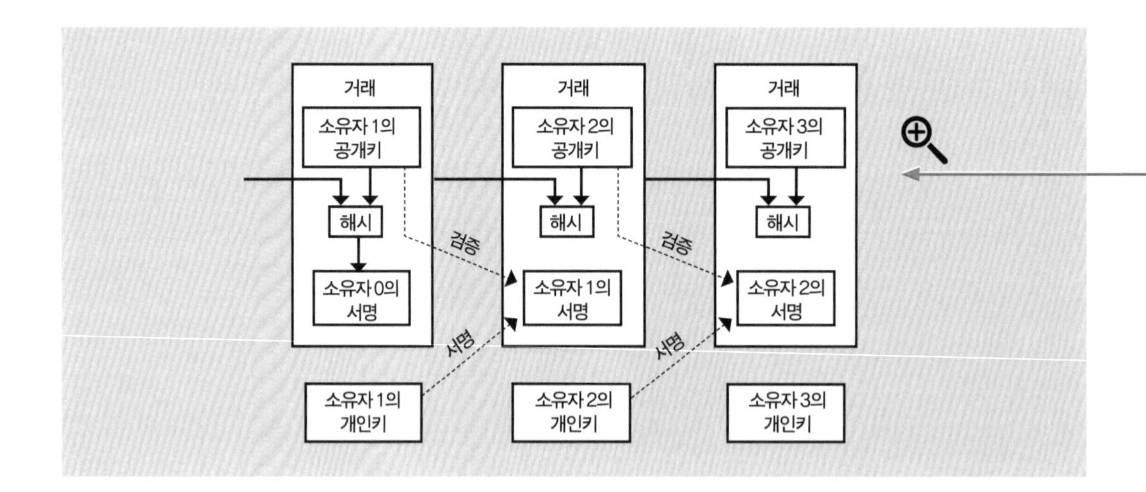

2. 거래

우리는 전자화폐를 전자서명의 체인으로 정의한다. 각 소유자는 이전 거래의 해시와 다음 소유자의 공개키에 대한 해시에 전자서명하고 이를 코인의 끝에 추가함으로써 다음 소유자에게 송금한다. 수취인이 소유권의 체인을 검증하려면 이 서명들을 검증하면 된다.

물론 문제는 수취인이 이전 소유자 중 누군가가 화폐를 이중지불하지 않았다는 것을 검증할 수 없다는 점이다. 통상적인 해법은 신뢰받는 중앙기관이나 조폐국을 도입하여 그들이 모든 거래마다 이중지불 여부를 점검하는 것이다. 한 번 거래된 코인은 새 코인으로 발행되기 위해 조폐국으로 회수되어야 하며, 조폐국에서 직접 발행한 코인만이 이중지불되지 않았다는 신뢰를 받는다. 이 해결책의 문제점은 전체 통화체계의 운명이 조폐국을 운영하는 회사에 의존해야 하고, 마치 은행처럼 모든 거래가 그들을 통해야 한다는 것이다.

그래서 우리는 이전 소유자가 과거의 다른 어떤 거래에도 서명하지 않았음을 수취인이 알게 하는 방법이 필요하다. 우리의 목적상 중요한 것은 가장 먼저 발생한 거래이기 때문에, 이후의 이중지불 시도는 신경 쓰지 않는다. 거래가 없었음을 확인할 유일한 방법은 모든 거래를 확인하는 것뿐이다. 조폐국 기반 모델에서는 조폐국이 모든 거래를 인지하고 어떤 거래가 먼저인지를 판단했다. 신뢰받는 제3자 없이 이 방식을 실현하려면, 거래는 공개적으로 알려져야 하고, 참여자들이 거래 순서에 대한 단일 기록에 동의하는 시스템이 필요하다. 수취인은 거래마다 매번 노드들의 과반수가 해당 거래가 처음으로 수신된 거래라고 동의했다는 증거를 필요로 한다.

개념과 원리

우리는 전자화폐를 전자서명의 체인으로 정의한다: 전자화폐를 '전자서명의 체인'으로 정의한다는 것은 전자화폐 시스템에서 모든 거래가 전자서명으로 인증되고, 이 거래들이 순차적으로 연결되어 하나의 일관된 기록 체인을 형성한다는 것을 뜻한다. 이 문장은 비트코인 같은 전자화폐가 어떻게 작동하는지를 설명하는 것이다. 쉽게 말해, 비트코인의 거래는 각 거래가 디지털 서명으로 연결된 일련의 기록이라고 할 수 있다.

1. **디지털 서명**: 비트코인 거래는 개인키로 생성된 디지털 서명을 통해 이루어진다. 이 서명은 거래가 정당한 소유자에 의해 정상적으로 행해졌음을 증명한다.
2. **체인**: 각 거래는 이전 거래와 연결되어 하나의 연속된 체인을 형성한다. 즉, A가 B에게 비트코인을 보내면, B는 그 비트코인을 다시 다른 사람에게 보낼 수 있으며, 이 모든 거래는 연결된 상태로 기록된다.

디지털서명

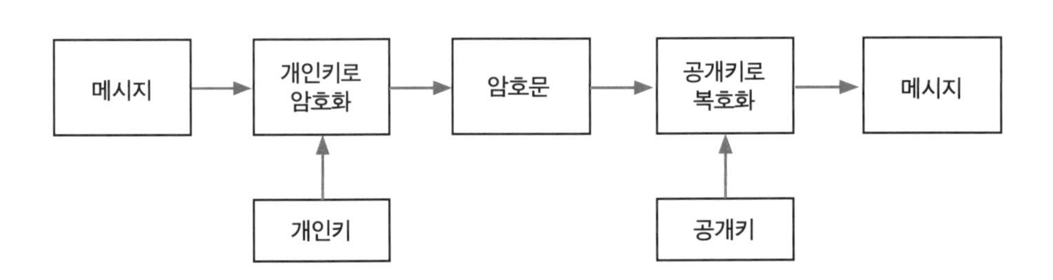

디지털 서명이란 종이에 사인을 하거나 도장을 찍는 것처럼 디지털 데이터를 이용해 송금인의 신원을 증명하는 방법이다. 송금인이 자신의 개인키로 암호화한 메시지를 수취인이 송금인의 공개키로 해독하는 과정을 말한다.

소유자는 이전 거래의 해시와 다음 소유자의 공개키에 대한 해시에 전자서명하고: 비트코인 소유자가 어떤 상대에게 비트코인을 송금하기 위해서는 두 가지 정보를 사용한다. 먼저, 이전 거래의 고유한 해시값을 가져오고, 다음 소유자(거래 상대방)의 공개키를 해싱한다. 그런 다음, 이 두 정보를 결합하여 전자서명을 한다. 이를 통해 비트코인 거래의 연속성을 유지하고, 직전 거래와 새 거래 간의 연결을 보장한다. 이렇게 하면 거래가 정당하게 이루어졌음을 모든 네트워크 참여자가 확인할 수 있다.

전자서명과 거래 과정

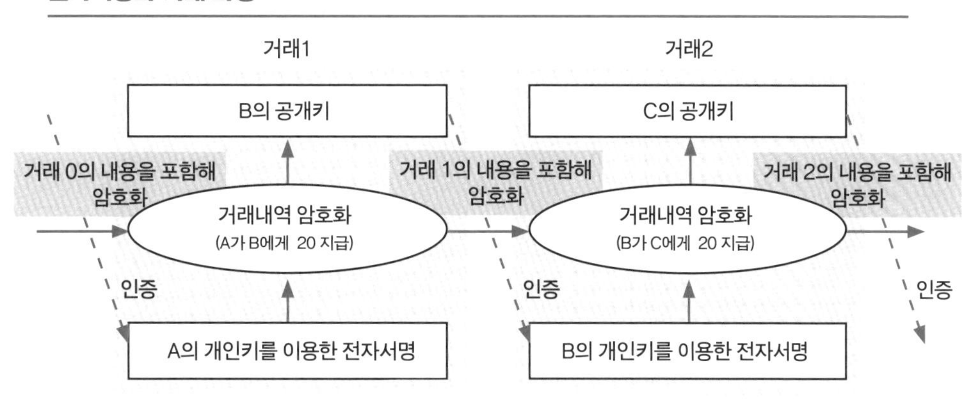

소유권의 체인: 비트코인이 이전 소유자들로부터 현재 소유자에게 어떻게 전달되었는지를 나타내는 일련의 거래 기록을 말한다. 각 거래는 이전 소유자로부터 새로운 소유자에게 비트코인이 전송된 것을 보여주는 디지털 서명으로 연결된다. 따라서 수취인은 각 거래의 서명을 검증함으로써, 비트코인이 정당하게 이전 소유자들로부터 현재 본인에게 도달했는지를 확인할 수 있다.

한 번 거래된 코인은 새 코인으로 발행되기 위해 조폐국으로 회수되어야 하며: '조폐국'이라는 표현은 실제로 존재하는 물리적인 기관을 의미하는 것이 아니라, 코인의 재발행 또는 재사용을 관리하는 시스템이나 프로세스를 비유적으로 설명한 것. 코인이 다시 순환되기 위해 어떤 특정한 절차나 검증 과정을 거쳐야 한다는 것을 나타낸다. 이는 특정 코인이 한 번 사용된 후, 다시 사용될 수 있도록 시스템적으로 검증되거나 재발행되는 과정이 필요함을 시사한다.

이 해결책의 문제점은 전체 통화체계의 운명이 조폐국을 운영하는 회사에 의존해야 하고: 조폐국을 운영하는 회사가 모든 통화 발행과 관리 책임을 지기 때문에, 그 회사가 부도덕하거나 제대로 기능하지 않으면, 또 통화를 무분별하게 발행하여 인플레를 조장하거나 하면 전체 화폐 시스템이 위험에 처할 수 있다는 것을 의미한다.

이전 소유자가 과거의 다른 어떤 거래에도 서명하지 않았음을 수취인이 알게 하는 방법이 필요하다: 이중지불을 방지하기 위해, 수취인은 본인이 받은 코인이 이전에 다른 거래에 사용된 적이 없다는 것을 확인할 수 있어야 한다. 블록체인 기술에서 이것은 매우 중요한 개념인데, 각 코인의 거래 내역을 모두가 확인할 수 있게 공개 장부에 투명하게 기록함으로써 이중지불을 방지한다.

중요한 것은 가장 먼저 발생한 거래이기 때문에, 이후의 이중지불 시도는 신경 쓰지 않는다: 가장 먼저 기록된 거래가 유효하므로, 그 이후에 같은 코인을 다른 곳에 사용하려는 모든 시도는 자동으로 무효 처리된다. 블록체인 시스템에서는 처음 발생한 거래만을 인정하고 이후의 중복 거래 시도는 모두 무시된다.

거래가 없었음을 확인할 유일한 방법은 모든 거래를 확인하는 것뿐이다: 특정 코인이 이전에 사용된 적이 없는지 확실히 하려면, 그 코인의 모든 거래 기록을 확인해야 한다는 뜻.

참여자들이 거래 순서에 대한 단일 기록에 동의하는 시스템이 필요하다: 여러 사람이 함께 하는 거래에서, 누가 누구와 언제 어떤 거래를 했는지에 대한 정확하고 변하지 않는 기록이 필요하다는 뜻. 이 기록은 여러 개가 아닌 하나의 공식적인 기록이며, 모든 참여자들이 이 기록의 내용에 동의하고, 이것이 유효한 증거임을 인정한다. 비트코인 블록체인은 모든 거래 내역을 블록에 담아 순서대로 연결하고, 네트워크 참여자 모두에게 공개하여 위변조를 방지한다.

수취인은 거래마다 매번 노드들의 과반수가 해당 거래가 처음으로 수신된 거래라고 동의했다는 증거를 필요로 한다: 수취인이 송금을 받을 때, 네트워크의 참여자 절반 이상이 그 거래가 이중지불이 아님을 확인하고 동의한 증거가 있어야 한다는 뜻. 비트코인 네트워크에서는 각 거래가 블록체인에 추가되기 전에 여러 노드(참여자)들이 그 거래를 검증한다. 과정은 이렇다.

1. **거래 검증**: 네트워크의 노드들은 새로운 거래가 유효한지 확인한다. 이때, 해당 거래가 이중지불이 아닌지 체크한다.
2. **블록 생성**: 여러 거래가 모여 블록을 형성한다. 이 블록은 채굴자들이 검증하고, 블록체인에 추가될 수 있도록 작업증명을 수행한다.
3. **합의 도달**: 네트워크의 과반수 노드들이 새로운 블록과 그 안의 거래가 유효하다고 동의하면, 이 블록은 블록체인에 추가된다.

이렇게 하여 수취인은 해당 거래가 블록체인에 포함되었고, 다수의 노드들이 이 거래가 유효하며 이중지불이 아님을 확인하고 동의했다는 증거를 가지게 된다.

블록 체인 거래 과정

❶ A가 B에게 송금 시도

❷ 거래 관련 정보는 블록 형태로 (후보 블록) 온라인상에서 생성

❸ 후보 블록, 네트워크상 모든 참여자에게 전송

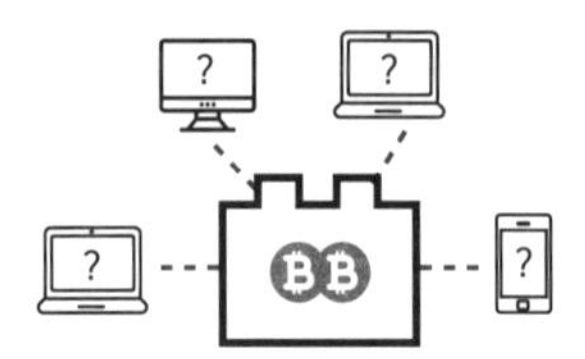

❹ 참여자들이 거래 정보 유효성 상호 검증

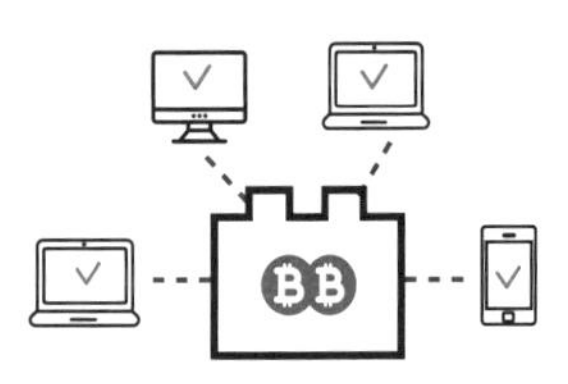

❺ 검증 완료된 블록만 '체인'에 등록

❻ B에게 송금 완료

비트코인의 거래 내역은 네트워크 참여자들의 검증을 거쳐 모두에게 전달되고 공유된다.

이해하기 쉬운 번역

2. 거래

전자화폐는 전자서명이 마치 체인처럼 연결된 일련의 기록이라고 할 수 있다. 코인 소유자는 코인을 보내기 위해 두 가지 정보를 전자서명으로 묶는다. 하나는 이전 거래의 해시값이고, 다른 하나는 다음 소유자의 공개키(일종의 주소)이다. 이렇게 서명된 정보는 코인의 끝에 추가되고, 코인은 다음 소유자에게 전송된다. 수취인은 이 코인을 받았을 때, 이전 소유자가 정상적으로 소유권을 넘긴 것인지 확인해야 한다. 이를 위해서는 해당 전자서명을 검증하면 된다.

하지만 문제는 수취인이 이전 소유자 중 누군가가 이중지불을 하지 않았다는 것을 확인할 수 없다는 점이다. 전통적인 해결책은 신뢰할 수 있는 제3자인 중앙기관이 모든 지불을 확인하는 것이다. 전통적인 방식에서는 한 번 지불된 코인은 새 코인으로 발행되기 위해 중앙기관으로 회수되어야 하며, 중앙기관에서 발행한 코인만이 중복 사용되지 않았다는 신뢰를 받는다. 이 해결책의 문제는 전체 통화체계가 이 중앙기관에 의존해야 한다는 점이다.
그래서 우리는 이전 소유자가 과거에 다른 지불에 서명하지 않았음을 수취인이 알 수 있는 방법이 필요하다. 가장 먼저 발생한 지불이 중요하므로, 첫 번째 이후의 이중지불 시도는 신경 쓰지 않는다. 지불에 사용되지 않았음을 확인하는 유일한 방법은 모든 지불을 확인하는 것이다. 전통적 방식이라면 중앙기관이 모든 지불을 인지하고 어떤 지불이 먼저인지를 판단하겠지만, 신뢰할 수 있는 제3자 없이 이 방법을 실현하려면, 거래는 공개되어야 하고, 참여자들이 거래 순서에 대한 단일 기록에 동의하는 시스템이 필요하다. 수취인은 거래마다 과반수의 노드들이 해당 거래가 처음으로 수신된 거래라고 동의했다는 증거를 필요로 한다.

개념과 원리

전자서명이 마치 체인처럼 연결된 일련의 기록: '거래의 체인'을 말함. 모든 거래는 이전 거래의 해시값을 포함하고, 거래는 사용자의 전자서명으로 발생된다. 이러한 방식으로 거래는 이전 거래와 현 소유자와 다음 소유자가 연속적으로 연결되어 체인을 형성한다. 여기서 체인은 블록의 개념을 포함하지 않고, 단순히 거래와 전자서명의 연속적인 연결을 의미한다.

한 번 지불된 코인은 새 코인으로 발행되기 위해 중앙기관으로 회수되어야 하며, 중앙기관에서 발행한 코인만이 중복 사용되지 않았다는 신뢰를 받는다: 실제로 돈이 회수되는 건 아니고, 송금자 계좌에서 차감하고, 수취인 계좌에 입금하는 것을 은행이 관리하는 것을 비유적으로 말한 것이다.

수취인은 거래마다 과반수의 노드들이 해당 거래가 처음으로 수신된 거래라고 동의했다는 증거를 필요로 한다: 이중지불 문제를 방지하기 위해, 비트코인 네트워크는 각 거래가 처음으로 수신된 거래임을 확인하는 메커니즘을 사용한다. 과반수의 노드들이 해당 거래가 유효하고 최초로 발생한 거래임을 검증하면, 이 거래는 블록에 포함되어 블록체인에 기록된다.

3

타임스탬프 서버

3. Timestamp Server

The solution we propose begins with a timestamp server. A timestamp server works by taking a hash of a block of items to be timestamped and widely publishing the hash, such as in a newspaper or Usenet post [2-5]. The timestamp proves that the data must have existed at the time, obviously, in order to get into the hash. Each timestamp includes the previous timestamp in its hash, forming a chain, with each additional timestamp reinforcing the ones before it.

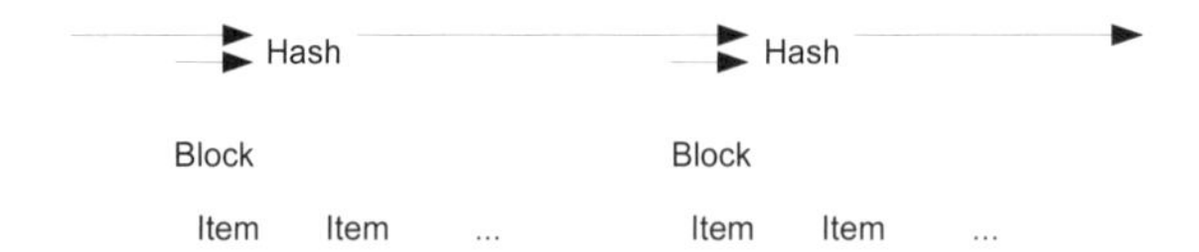

3. 타임스탬프 서버

우리가 제안하는 해결책은 타임스탬프 서버로 시작한다. 타임스탬프 서버는 타임스탬프가 찍힐 항목 블록의 해시를 가져와서 이 해시를 마치 신문이나 유즈넷 게시판에 하는 것처럼 널리 퍼트리는 방식으로 작동한다. 타임스탬프는 데이터가 그 해시에 들어가기 위해서는 당연히 해당 시각에 존재했어야 한다는 것을 증명한다. 각 타임스탬프는 이전 타임스탬프를 해시에 포함하여 체인을 형성하는데, 추가된 각각의 타임스탬프는 그 이전의 타임스탬프를 더 강화하게 된다.

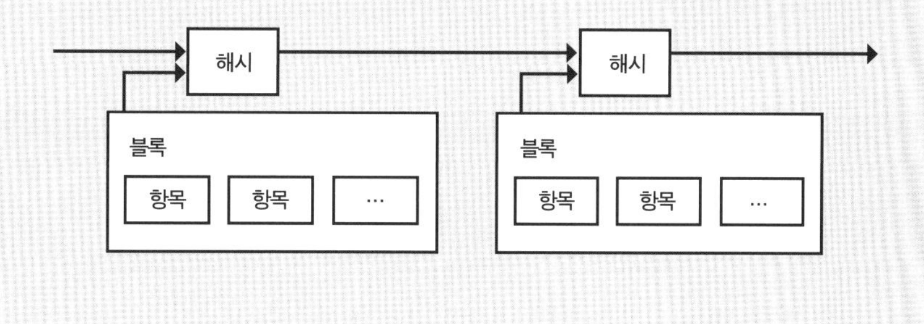

개념과 원리

타임스탬프 서버: 비트코인 블록체인 시스템의 핵심 구성 요소 중 하나로, 거래의 순서와 시간을 기록하는 역할을 한다. 이를 통해 거래의 진위와 무결성을 보장한다. '타임스탬프 서버'는 실제로 존재하는 특정한 서버가 아니라, 네트워크 전체가 분산된 방식으로 거래의 타임스탬프를 관리하는 시스템이다. 타임스탬프의 시간은 모두 유닉스 시간(Unix time)으로 표시된다. 유닉스 시간은 1970년 1월 1일 0시를 기준으로 초 단위 계산 기록이다. 구체적으로 타임스탬프 서버의 역할과 작동 방식을 설명하면 다음과 같다.

1. **거래의 시간 기록**: 타임스탬프 서버는 거래가 발생한 시간을 정확하게 기록한다. 이를 통해 모든 거래의 순서를 명확히 할 수 있다.

2. **거래 묶음**: 여러 거래를 하나의 블록으로 묶는다. 이 블록은 해당 시간에 발생한 모든 거래를 포함한다.

3. **블록 해싱**: 블록 내의 모든 거래를 해시 함수로 처리하여 고유의 해시값을 생성한다. 수천 건의 거래 정보가 포함된 블록을 해싱하여 고유한 해시값을 생성한다. 이 해시값은 블록 해시가 되고 블록의 고유 식별자로 사용된다.

4. **블록 연결**: 각 블록은 이전 블록의 해시값을 포함하여 연속적으로 연결된다. 이를 통해 블록체인이 형성된다.

5. **검증과 합의**: 네트워크의 참여자들은 새로운 블록의 타임스탬프와 해시값을 확인하고 동의한다. 다수의 노드가 동의하면 블록이 체인에 추가된다.

항목 블록의 해시: 블록체인에서 거래들을 포함하는 특정 블록의 해시값. 즉, 블록의 고유 식별자인 '블록 해시'를 말한다.

유즈넷(Usenet) 게시판: 인터넷 초창기 시절에 개발된 인터넷 토론 시스템. 사용자가 다양한 주제에 대해 게시글을 작성하고 토론할 수 있는 전자 게시판이다.

타임스탬프는 이전 타임스탬프를 해시에 포함하여 체인을 형성: 타임스탬프가 찍힌 직전 블록의 해시가 블록 헤더에 포함되기 때문에, 블록체인은 각 블록의 타임스탬프가 간접적으로 연속적으로 연결되어 있는 셈이다.

P2P 타임스탬프 서버

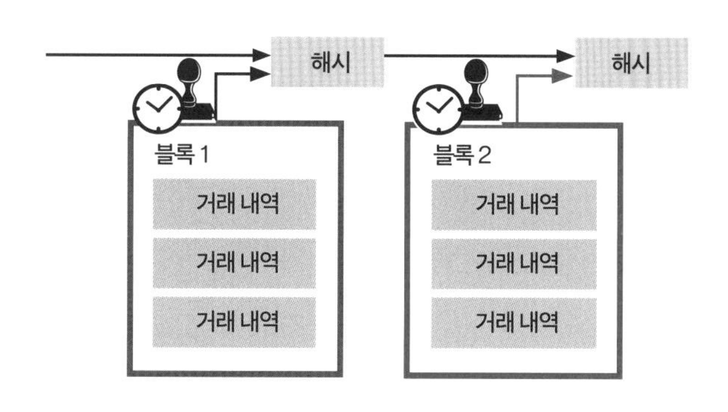

P2P 타임스탬프 서버. 거래들을 모은 블록에 타임스탬프를 찍어 순서대로 체인에 연결함으로써 거래의 시간과 순서를 구별할 수 있다.

추가된 각각의 타임스탬프는 그 이전의 타임스탬프를 더 강화: 모든 블록에는 직전 블록의 해시가 포함되어 일렬로 연결된 사슬을 이루므로 새로운 블록이 추가될 때마다 그 이전 블록들의 데이터를 변경하는 것이 점점 더 어려워진다. 한 번 기록된 타임스탬프를 포함한 데이터는 이후 블록들에 의해 점점 보호가 강화되는 셈이다.

이해하기 쉬운 번역

3. 타임스탬프 서버

우리가 제안하는 방법은 타임스탬프 서버를 사용하는 것이다. 이 서버는 데이터를 시간 순서대로 기록하고 이를 증명하는 역할을 한다. 타임스탬프 서버는 여러 거래 정보가 담긴 블록을 해싱하여 고유한 코드로 변환하고, 이 코드를 신문이나 인터넷 게시판에 올리듯 비트코인 네트워크상에 널리 퍼뜨린다. 이렇게 하면 그 데이터가 그 시간에 존재했음을 증명할 수 있다. 새로 추가되는 타임스탬프는 이전 타임스탬프를 포함하여 체인을 형성하기 때문에, 새로 추가된 타임스탬프는 이전 타임스탬프가 변경되지 않았음을 더욱 확실하게 보장한다.

개념과 원리

블록의 구조

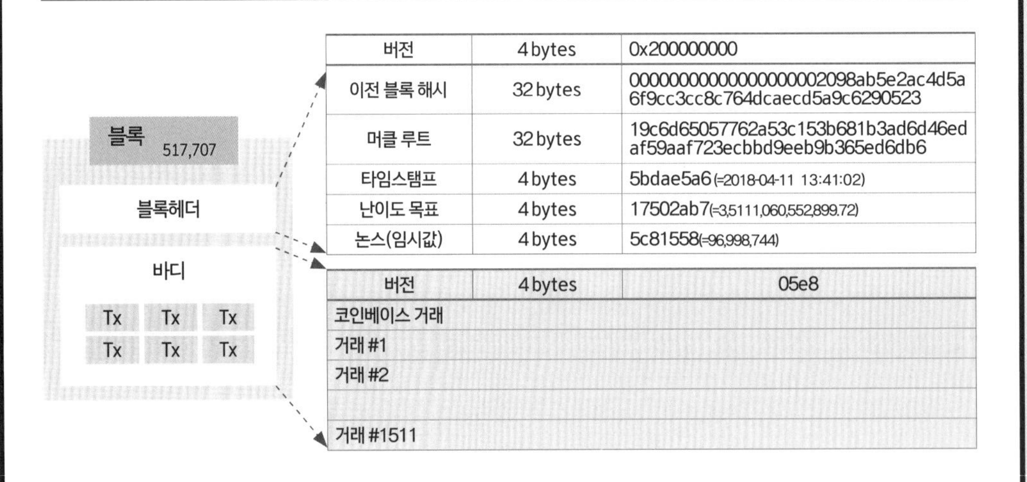

블록헤더에 타임스탬프가 포함되어 있다. 유닉스 시간을 16진법으로 표기. 참고로 논스 96,998,744는 논스 값을 0부터 1씩 높여가며 96,998,744까지 적용하여 96,998,745번째 시도만에 올바른 해시값을 찾았다는 뜻.

4

작업 증명

4. Proof-of-Work

To implement a distributed timestamp server on a peer-to-peer basis, we will need to use a proof-of-work system similar to Adam Back's Hashcash [6], rather than newspaper or Usenet posts. The proof-of-work involves scanning for a value that when hashed, such as with SHA-256, the hash begins with a number of zero bits. The average work required is exponential in the number of zero bits required and can be verified by executing a single hash.

For our timestamp network, we implement the proof-of-work by incrementing a nonce in the block until a value is found that gives the block's hash the required zero bits. Once the CPU effort has been expended to make it satisfy the proof-of-work, the block cannot be changed without redoing the work. As later blocks are chained after it, the work to change the block would include redoing all the blocks after it.

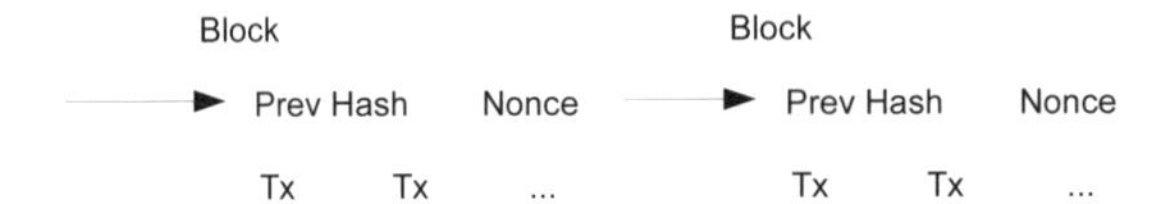

The proof-of-work also solves the problem of determining representation in majority decision making. If the majority were based on one-IP-address-one-vote, it could be subverted by anyone able to allocate many IPs. Proof-of-work is essentially one-CPU-one-vote. The majority decision is represented by the longest chain, which has the greatest proof-of-work effort invested in it. If a majority of CPU power is controlled by honest nodes, the honest chain will grow the fastest and outpace any competing chains. To modify a past block, an attacker would have to redo the proof-of-work of the block and all blocks after it and then catch up with and surpass the work of the honest nodes. We will show later that the probability of a slower attacker catching up diminishes exponentially as subsequent blocks are added.

To compensate for increasing hardware speed and varying interest in running nodes over time, the proof-of-work difficulty is determined by a moving average targeting an average number of blocks per hour. If they're generated too fast, the difficulty increases.

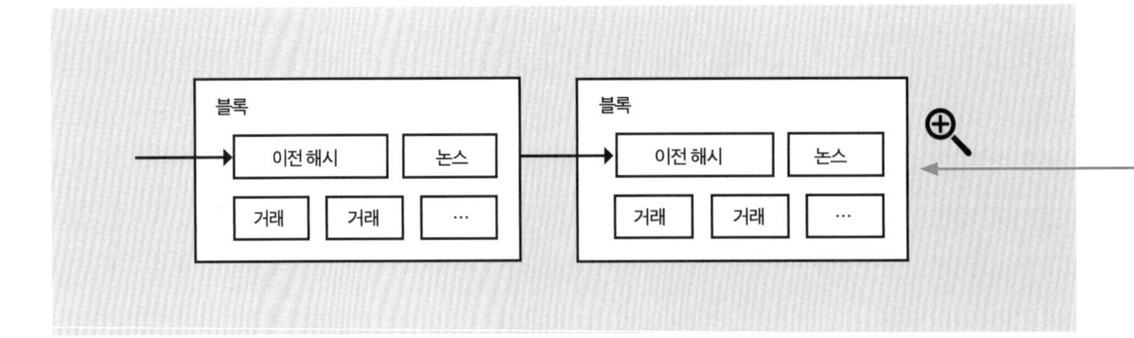

4. 작업증명

분산 타임스탬프 서버를 P2P 방식으로 구현하기 위해서는 신문이나 유즈넷 게시판 대신 애덤 백의 해시캐시와 유사한 작업증명 시스템을 사용할 필요가 있다. 작업증명은 SHA-256 같은 해시 함수를 사용하여 계산된 해시가 일정 개수의 0으로 시작하는 값을 찾는 과정을 포함한다. 필요한 평균 작업량은 요구되는 0의 개수에 따라 지수적으로 증가하지만, 검증은 한 번의 해시 계산으로 가능하다.

우리의 타임스탬프 네트워크에서는 블록의 해시가 요구되는 개수의 0으로 시작하는 값을 찾을 때까지 블록 안에 있는 임시값을 계속 증가시키는 방식으로 작업증명을 구현한다. 일단 CPU 연산 작업으로 작업증명을 충족시켰다면, 해당 블록은 동일한 연산 과정을 재수행하지 않는 한 변경될 수 없다. 나중에 생기는 블록들이 그것에 사슬처럼 연결되기 때문에, 특정 블록을 변경하려면 그 뒤에 연결된 모든 블록들의 작업증명을 다시 해야 한다.

작업증명은 다수결 의사결정에서의 투표자 선정 문제도 해결해준다. 만약 다수결이 IP 주소당 한 표 방식이라면, 많은 IP를 할당할 수 있는 누군가가 이를 악용할 수 있다. 작업증명은 본질적으로 한 CPU당 한 표이다. 다수결에 의한 결정은 가장 많은 작업증명 노력이 투입된 가장 긴 체인이 된다. 컴퓨팅 파워의 과반수가 정직한 노드에 의해 제어된다면, 정직한 체인이 가장 빠르게 길어져 경쟁하는 모든 체인을 앞지를 것이다. 공격자가 과거 블록을 수정하려면 해당 블록과 그 이후 모든 블록의 작업증명을 다시 수행한 다음 정직한 노드의 작업을 따라잡고 앞질러야 한다. 우리는 후속 블록들이 추가됨에 따라 더 느린 공격자가 따라잡을 확률은 지수적으로 감소한다는 것을 나중에 보여줄 것이다.

시간이 지남에 따라 하드웨어 속도가 증가하고 노드 운영에 대한 관심도 변화하기 때문에, 작업증명의 난이도는 시간당 평균 블록 수를 목표로 하는 이동 평균에 의해 결정된다. 즉 블록 생성 속도가 너무 빠르면 난이도는 올라간다.

개념과 원리

애덤 백의 해시캐시: 애덤 백(Adam Back)이 개발한 해시캐시는 주로 스팸 메일 방지와 서비스 거부 공격(DoS) 방지를 위해 설계된 작업증명(PoW) 시스템이다. 해시캐시의 기본 아이디어는 특정 작업을 수행하기 위해 계산 자원을 소비하게 함으로써, 시스템을 악용하는 것을 어렵게 만드는 것. 이 개념은 비트코인의 작업증명 알고리즘에 영향을 주었으며, 비트코인의 보안과 무결성을 유지하는 데 중요한 역할을 한다.

해시 함수: 해시 함수는 임의의 데이터를 고정된 크기의 고유한 값으로 변환하는 수학적 함수이다. 비트코인 네트워크에서는 SHA-256 해시 함수가 사용된다. 이 함수는 입력 데이터를 256비트 길이의 고정된 해시값으로 변환한다. 해시 함수의 중요한 특성은 입력 데이터가 조금만 변경되어도 완전히 다른 출력이 생성된다는 것이다. 또한 동일한 입력은 항상 동일한 출력을 생성한다.
비트코인에서는 해시 함수를 주로 두 가지 용도로 사용한다. 첫째, 거래 데이터의 무결성을 검증하는 데 사용한다. 블록체인에 기록되는 각 블록은 해당 블록의 모든 거래 정보를 포함하는 머클 트리의 루트 해시값을 포함한다. 이 루트 해시값은 블록에 포함된 모든 거래의 해시값들로부터 생성되므로, 단 하나의 거래라도 변조되면 루트 해시값이 달라지게 되어 변조를 쉽게 감지할 수 있다.
둘째, 작업증명을 수행하는 데 사용한다. 블록을 생성하려면, 채굴자는 특정 조건을 만족하는 해시값을 찾아야 한다. 이는 블록 헤더의 해시값이 네트워크에서 설정한 목표값 이하가 되도록 하는 것을 의미한다. 이를 위해 채굴자는 블록 헤더의 일부인 논스(nonce) 값을 변경하며 해시값을 반복적으로 계산한다. 이 과정은 매우 계산 집약적이지만, 한 번 올바른 해시값이 발견되면 다른 노드들은 이를 빠르게 검증할 수 있다.
비트코인 네트워크에는 이밖에 RIPEMD-160 해시 함수도 사용된다. 비트코인 주소를 생성할 때 공개키를 SHA-256으로 해싱한 다음, 그 결과를 RIPEMD-160으로 다시 해싱한다. 이중 해싱을 통해 보안을 강화하는 것이다.

해시 함수는 이러한 특성 덕분에 비트코인의 보안과 신뢰성을 보장하는 핵심 요소가 된다. 해시 함수를 통해 거래의 무결성을 유지하고, 작업증명을 통해 네트워크의 합의를 이끌어내며, 중앙기관 없이도 신뢰할 수 있는 시스템을 구축할 수 있다.

해시 함수

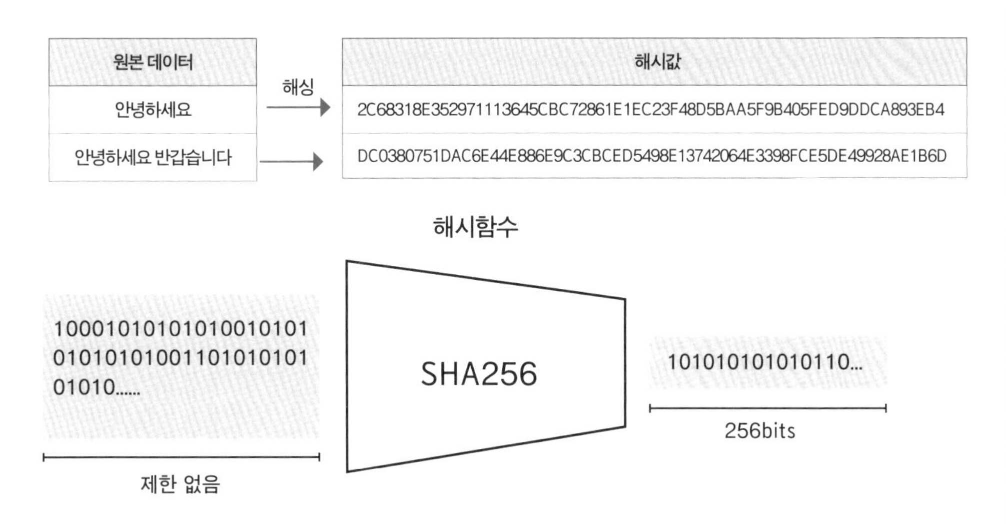

원본 데이터		해시값
안녕하세요	해싱 →	2C68318E352971113645CBC72861E1EC23F48D5BAA5F9B405FED9DDCA893EB4
안녕하세요 반갑습니다	→	DC0380751DAC6E44E886E9C3CBCED5498E13742064E3398FCE5DE49928AE1B6D

해시는 암호학에 쓰이는 함수로 고정된 길이의 암호화된 문자열로 바꿔주는 기능을 한다. 원본 데이터 '안녕하세요'와 '안녕하세요 반갑습니다' 둘 다 같은 길이의 해시값으로 변환되는 것을 볼 수 있다. 이렇게 출력된 256비트 길이의 데이터 값을 '해시값'이라고 하며 이런 처리 과정을 해싱이라고 한다.

SHA-256 해시 함수: SHA(Secure Hash Algorithm)-256은 암호화 해시 함수의 일종으로, 보안성과 무결성을 제공하기 위해 설계된 강력한 해시 함수이다. 비트코인과 같은 암호화폐의 작업증명 알고리즘에서 사용된다. 256비트 길이의 해시값을 생성하고, 해시값은 64자리의 16진수로 표현된다.

예시) 문자열 "Hello, world!"를 SHA-256으로 해싱한 해시값(64자리 16진수):

315f5bdb76d078c43b8ac0064e4a0164612b1fce77c869345bfc94c75894edd3

요구되는 0의 개수에 따라 지수적으로 증가: 해시값의 앞부분에 더 많은 0이 요구될수록 유효한 해시값을 찾기 위한 계산량이 기하급수적으로 증가한다. 난이도 목표에서 요구하는 0이 하나 증가할 때마다 유효한 해시값을 찾는 확률은 16배씩 감소하고, 필요한 계산량이 지수적으로 증가한다. 예를 들어, 아래 보는 것처럼 0이 4개, 5개로 시작하고 64자리 16진수로 표현되는 SHA-256 해시값이 있다. 이 두 해시값의 난이도 차이는 16배가 난다.

0000b1f68b1c21fa5a56dbe9b37f4080171c3b763bbc82aeb2f7f7d12f6e75dd
00000d5c3ab1bcf93a2f26b9f82d5f372b78e3bf27f9377c29dca5d1c99f9aa2

2024년 8월 현재 기준으로, 블록의 해시값은 19개 정도의 0으로 시작하는 조건을 충족해야 한다. 이는 비트코인 네트워크에서 새 블록을 채굴하기 위해 필요한 작업증명의 난이도가 엄청나게 높아졌음을 의미한다. 이런 높은 난이도는 네트워크의 보안을 강화하고, 블록 생성 속도를 일정하게 유지하는 데 중요한 역할을 한다.

블록의 해시가 요구되는 개수의 0으로 시작하는 값을 찾을 때까지 블록 안에 있는 임시값을 계속 증가시키는 방식으로 작업증명을 구현한다: 비트코인에서 블록의 해시가 요구되는 개수의 0으로 시작하는 값을 찾기 위해 작업증명을 수행하는 과정. 채굴자가 블록 헤더에 있는 임시값(논스)을 0에서부터 계속 하나씩 증가시키면서 목표 해시값을 찾을 때까지 반복하는 방식으로 이루어진다.

작업증명은 본질적으로 한 CPU당 한 표: 사토시 나카모토가 논문을 발표할 당시 '한 CPU당 한 표'라는 표현은 당시의 채굴 환경을 반영한 정확한 설명이었다. 그러나 채굴 기술이 발전함에 따라, 오늘날에는 '한 CPU당 한 표'가 아닌 '한 해시파워당 한 표'가 더 적절한 표현이 되었다. 즉, 현재는 각 컴퓨팅 장치가 기여하는 연산

작업증명 과정

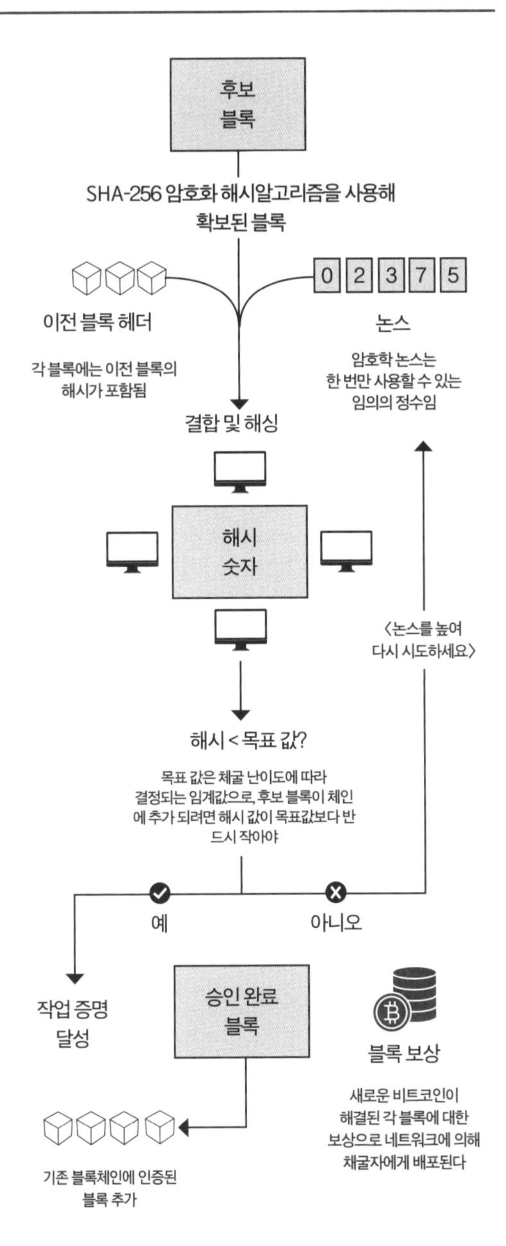

직전 블록의 해시를 포함한 후보 블록에 논스를 0부터 1씩 계속 높여가며 해싱을 반복하여 올바른 해시값을 찾아가는 과정이 작업증명이다. 약 43억까지 높여갈 수 있으며, 그래도 해시값을 찾지 못하면, 타임스탬프를 변경하여 다시 0부터 시도한다.

능력에 비례하여 네트워크의 의사 결정에 영향을 미치는 구조다.

컴퓨팅 파워의 과반수가 정직한 노드에 의해 제어된다면: '과반수'는 비트코인 네트워크의 보안과 무결성을 보장하는 핵심 요소이다. 과반수 연산 능력이 정직한 노드들에 의해 제어될 때, 네트워크는 51% 공격으로부터 안전하며, 블록체인의 신뢰성과 안정성이 유지된다. 이는 비트코인과 같은 분산 원장 기술의 근본적인 보안 원리이다.

작업증명의 난이도: 비트코인에서 새로운 블록을 찾는 데 필요한 연산의 어려운 정도를 나타낸다. 비트코인 시스템은 평균적으로 약 10분마다 하나의 블록이 생성되도록 설계되어 있으며, 이 목표를 달성하기 위해 네트워크의 연산량(해시파워Hash Power, 해시레이트Hash Rate)에 따라 난이도가 조정된다. 난이도가 높을수록 블록을

찾기 위해 더 많은 계산이 필요하고, 이에 따라 채굴이 더 어려워진다. (p.54, '난이도 목표' 참조)

시간당 평균 블록 수를 목표로 하는 이동 평균: 비트코인 네트워크는 2,016개의 블록이 생성될 때마다 난이도를 조정한다. 약 2주마다 한 차례씩이다. 조정은 2,016개 블록의 평균 생성 시간을 바탕으로 이루어지며, 네트워크가 너무 빨리 블록을 생성하면 난이도가 높아지고, 반대로 너무 느리면 난이도가 낮아진다. 이렇게 해서 10분당 1블록이라는 목표를 안정적으로 유지한다.

이해하기 쉬운 번역

4. 작업증명

우리가 제안하는 시스템은 P2P 방식의 분산 타임스탬프 서버이다. 데이터가 특정 시간에 존재했다는 사실을 시간 스탬프를 찍어 증명하는 시스템인 타임스탬프 서버는 대부분 중앙 집중식으로 관리되었다. 그러나 P2P 방식의 분산 타임스탬프 서버는 여러 컴퓨터(노드)가 네트워크에 참여하여 공동으로 관리한다. 이렇게 하면 하나의 중앙 서버가 필요 없고, 네트워크에 참여하는 모든 컴퓨터가 데이터를 공유하고 함께 검증한다. 이 시스템을 구현하려면 '작업증명'이라는 방법을 사용해야 한다. 작업증명은 블록을 생성할 때 수행해야 하는 계산 작업으로 네트워크의 안전성을 높이는 역할을 한다. 비트코인과 같은 P2P 분산 시스템은 애덤 백의 해시캐시 개념을 차용하고, SHA-256 해시 함수를 사용해 블록체인의 무결성과 보안을 유지한다. 해시 함수는 데이터를 입력받아 고정된 길이의 해시값을 출력하는 함수이다. 작업증명에서는 해시값이 일정 개수의 0으로 시작하는 값을 찾아야 한다. 필요한 해시값을 찾기 위해서는 많은 계산이 필요하다. 하지만 한 번 찾은 해시값이 올바른지 확인하는 검증은 한 번의 해시 계산으로 쉽게 할 수 있다.
타임스탬프 네트워크에서는 블록의 해시값이 특정 개수의 0으로 시작할 때까지 블록 안에 있는 임시값(논스)을 계속 바꾼다. 이 과정을 통해 만들어진 블록은 같은 연산을 다시 하지 않는 한 변경할 수 없다. 나중에 만들어지는 블록들은 이전 블록에 계속 연결된다. 따라서 한 블록을 바꾸려면 그 뒤의 모든 블록을 다시 작업증명해야 한다. 이런 특성 때문에 비트코인 네트워크의 보안성과 안정성이 크게 높아진다.

작업증명은 네트워크에서 다수결로 의사결정을 할 때, 누가 어느 정도의 가중치를 갖는지의 문제도 결정해준다. 여기서 다수결은 IP 주소당 한 표가 아니라 CPU당 한 표를 준다. 그러나 현재는 '한 CPU당 한 표'가 아닌 '한 해시파워당 한 표'가 더 적절한 표현이 되었다. 즉, 현재는 각 컴퓨팅 장치가 기여하는 연산 능력에 비례하여 네트워크의 의사결정에 영향을 미치는 구조다. 가장 긴 체인은 가장 많은 작업증명이 투입된 것이다. 컴퓨팅 파워의 과반수가 정직한 노드에 의해 제어되면, 정직한 체인이 가장 빨리 길어져서 다른 체인을 앞지르게 된다. 공격자가 블록을 수정하려면 그 블록과 그 이후 모든 블록의 작업증명을 다시 해야 한다. 따라서 후속 블록이 많아질수록 공격자가 따라잡을 확률은 급격히 줄어든다.
시간이 지나면서 컴퓨터 하드웨어 성능이 좋아지고, 노드 운영에 대한 사람들의 관심도 달라지기 때문에, 작업증명의 난이도는 그에 맞춰 자동 조절된다. 블록 생성 속도가 너무 빠르면 난이도를 높여 10분당 1개 정도씩 생성되도록 한다. 이를 통해 블록 생성 속도를 일정하게 유지할 수 있다. 이렇게 작업증명 시스템은 네트워크의 안전성을 유지하고, 블록체인의 무결성을 보장한다.

개념과 원리

검증은 한 번의 해시 계산으로 쉽게 할 수 있다: 해시 함수는 입력값이 같으면 항상 같은 출력값을 제공하므로, 한번 해시 계산을 통해 제출된 값이 올바른지는 쉽게 확인할 수 있다. 채굴자가 블록을 생성하는 과정은 엄청나게 많은 계산이 필요하여 매우 어렵지만, 이미 생성된 블록의 유효성을 검증하는 과정은 매우 간단하다.

5

네트워크

5. Network

The steps to run the network are as follows:

1) New transactions are broadcast to all nodes.
2) Each node collects new transactions into a block.
3) Each node works on finding a difficult proof-of-work for its block.
4) When a node finds a proof-of-work, it broadcasts the block to all nodes.
5) Nodes accept the block only if all transactions in it are valid and not already spent.
6) Nodes express their acceptance of the block by working on creating the next block in the chain, using the hash of the accepted block as the previous hash.

Nodes always consider the longest chain to be the correct one and will keep working on extending it. If two nodes broadcast different versions of the next block simultaneously, some nodes may receive one or the other first. In that case, they work on the first one they received, but save the other branch in case it becomes longer. The tie will be broken when the next proof-of-work is found and one branch becomes longer; the nodes that were working on the other branch will then switch to the longer one.

New transaction broadcasts do not necessarily need to reach all nodes. As long as they reach many nodes, they will get into a block before long. Block broadcasts are also tolerant of dropped messages. If a node does not receive a block, it will request it when it receives the next block and realizes it missed one.

5. 네트워크

네트워크가 작동하는 단계는 다음과 같다.

1) 새로운 거래들이 모든 노드에 브로드캐스트된다.
2) 각 노드는 새로운 거래들을 블록으로 수집한다.
3) 각 노드는 해당 블록에 대한 어려운 작업증명을 찾는 작업을 수행한다.
4) 어떤 노드가 작업증명을 찾았으면 블록을 모든 노드에 브로드캐스트한다.
5) 노드들은 블록 내의 모든 거래가 유효하고 사용된 적이 없을 경우에만 그 블록을 승인한다.
6) 노드들은 승인된 블록의 해시를 이전 해시로 사용하여 체인의 다음 블록 생성 작업을 수행하는 것으로 해당 블록의 승인을 표현한다.

노드들은 항상 가장 긴 체인을 올바른 것으로 간주하며, 계속해서 체인을 확장하는 작업을 한다. 만약 두 노드가 서로 다른 버전의 다음 블록을 동시에 브로드캐스트한다면, 각 노드들은 두 버전 중 하나를 먼저 받게 된다. 이 경우 먼저 받은 블록으로 작업을 진행하지만, 다른 블록이 연결된 체인이 더 길어질 경우를 대비하여 다른 브랜치도 저장한다. 다음 작업증명이 발견되어 한쪽 브랜치가 더 길어지면 타이 상황이 해소되고, 다른 브랜치에서 작업하던 노드들은 더 긴 브랜치로 전환하게 된다.
새로운 거래(송금)의 브로드캐스트들이 반드시 모든 노드에 도달할 필요는 없다. 많은 노드에 도달하기만 하면 곧 블록에 포함될 것이다. 블록 브로드캐스트는 또한 메시지 누락도 허용한다. 노드가 어떤 블록을 받지 못한 경우 다음 블록을 받고 누락된 블록이 있음을 인지하면 그 블록을 요청할 것이다.

개념과 원리

새로운 거래들이 모든 노드에 브로드캐스트된다: 사용자가 자신의 지갑 소프트웨어에서 새 송금 거래를 생성하고 개인키로 디지털 서명을 하면, 이 거래는 비트코인 네트워크에 브로드캐스트된다. 이는 네트워크에 연결된 모든 노드에게 거래를 전파하는 과정이다.

각 노드는 새로운 거래들을 블록으로 수집한다: 거래들을 블록으로 수집하는 주체는 마이너(채굴 노드)들이다. 그들은 브로드캐스트된 새로운 거래들을 수집하여 자신만의 블록을 구성한다. 이때, 거래 수수료를 최대로 얻기 위해 수익성 높은 거래들을 우선적으로 포함시키는 경우가 많다. 비트코인의 신규 블록이 블록체인에 추가되는 과정은 다음과 같다. 신규 거래(송금) 생성 > 거래 전파 > 각 노드들의 거래 유효성 검증 > 검증된 거래 전파 > 유효한 거래 수집 > 작업증명 > 블록 생성 > 블록 전파 > 노드들의 블록 검증 > 블록체인 추가.

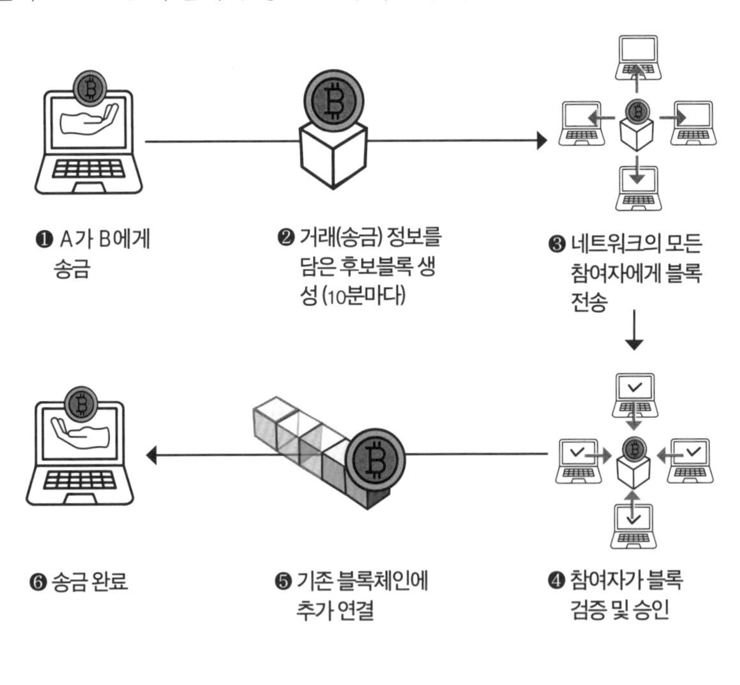

거래가 네트워크 상에서 이루어지고 블록체인에 포함되는 과정.

어려운 작업증명을 찾는 작업을 수행한다: 노드는 작업증명을 수행하여 새로운 블록을 생성하게 된다. 이 과정에서 노드는 블록의 해시가 정해진 난이도 목표 이하가 되게 만드는 논스를 찾기 위해 많은 계산을 수행한다. '어려운 작업증명'은 블록의 해시가 난이도 목표 이하가 되는 해시값을 찾는 작업을 의미한다. 이렇게 블록을 생성하는 노드를 '채굴자'라 부른다. 난이도는 비트코인 네트워크에서 자동으로 조정되며, 보통 10분에 하나의 블록이 생성되도록 설계되어 있다. 난이도가 높아질수록 목표 이하의 해시값을 찾는 것이 더욱 어려워지므로, 더 많은 계산 작업이 필요하다.

어떤 노드가 작업증명을 찾았으면: 어떤 노드가 문제를 풀었다면, 작업증명을 마쳤다면, 난이도 조건을 충족하는 해시값을 찾았다면. 모두 같은 의미이다.

노드들은 승인된 블록의 해시를 이전 해시로 사용하여 체인의 다음 블록 생성 작업을 수행하는 것으로 해당 블록의 승인을 표현한다: 비트코인 네트워크에서 노드들이 블록을 승인하는 절차로 '블록 검증'이라고 한다. 이 절차는 다음과 같은 단계로 이루어진다.

1. **블록 수신**: 새로운 블록이 생성되면 노드는 이를 다른 노드로부터 수신한다.
2. **블록 헤더 검증**: 블록의 헤더 정보를 확인한다. 헤더에는 이전 블록의 해시, 블록의 생성 시간, 난이도, 논스(nonce) 등이 포함되어 있다. 블록의 해시가 블록 헤더의 데이터와 일치하는지 확인한다. 블록의 해시가 네트워크에서 요구하는 난이도 목표를 충족하는지 확인한다.
3. **거래 검증**: 블록에 포함된 각 거래가 올바르게 서명되었는지 확인한다. 각 거래가 유효한 입력을 가지고 있는지, 즉 이전에 사용된 적이 없는 입력인지 확인한다. 각 거래의 입력이 해당하는 출력의 금액을 초과하지 않는지 확인한다. 거래 수수료가 올바르게 계산되었는지 확인한다.

4. 이중지불 방지: 블록에 포함된 각 거래의 입력이 이전에 다른 거래에서 사용된 적이 없는지 확인한다. 이미 사용된 입력이 포함된 거래는 이중지불 시도로 간주되어 해당 블록은 유효하지 않다고 판단된다.

5. 블록체인 연결: 블록의 이전 블록 해시가 현재 블록체인에서 가장 최근의 블록 해시와 일치하는지 확인한다. 새로운 블록을 현재 블록체인에 연결하여 체인을 확장한다.

6. 블록 저장 및 전파: 블록이 유효하다고 확인되면, 해당 블록을 로컬 블록체인에 저장한다. 새로운 블록을 다른 노드에게 전파하여 네트워크 전체에 동기화되도록 한다.

7. 다음 블록 작업: 노드는 해당 블록의 해시를 이용하여 체인의 다음 블록 생성 작업을 시작한다. 이것은 해당 블록이 유효하게 승인되었다는 표현이다. 노드는 승인된 블록의 해시를 이전 블록 해시로 사용하여 새로운 블록을 채굴하거나 검증하기 위한 작업을 수행한다.

노드들은 항상 가장 긴 체인을 올바른 것으로 간주하며: 비트코인 프로토콜에서 '가장 긴 체인 규칙'에 대한 언급이다. 때때로 두 개 이상의 유효한 체인이 동시에 존재하는 포크(Fork)상황이 발생할 수 있는데. 이때 어떤 체인을 '정식' 또는 '메인' 체인으로 간주할지를 결정하는 합의 메커니즘이다. '가장 긴 체인'은 단순히 블록의 수로 결정되지 않고, 총 작업증명의 양에 따라 결정된다. 간단히 말해, 가장 많은 연산 작업이 투입된 체인, 즉 총 난이도가 가장 높은 체인을 유효한 체인으로 인정한다. 이는 네트워크의 신뢰성과 보안을 보장하기 위한 메커니즘으로, 작업증명이 많이 포함된 체인을 선택함으로써 가장 신뢰할 수 있는 체인을 유지하려는 원칙이다.

블록 채굴 경쟁

유효한 블록은 연장하는 작업을 함으로써 블록을 승인했음을 나타내고, 유효하지 않은 블록은 작업을 거부함으로써 반대를 나타낸다.

거의 동시에 두 개의 새로운 Block이 chain 에 연결

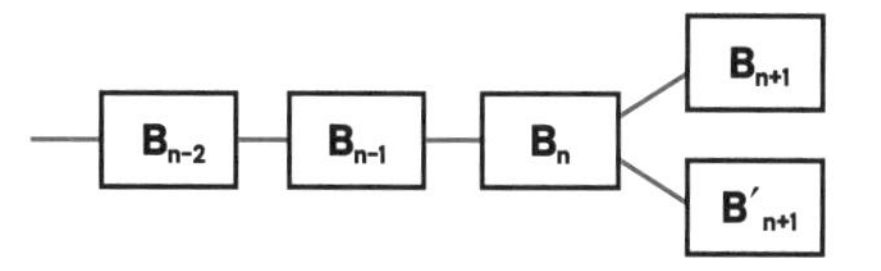

각 노드(채굴자)는 두 block 중 하나를 선택, 새로운 block 연결
→채굴자의 선택에 따른 branch 사이의 경쟁

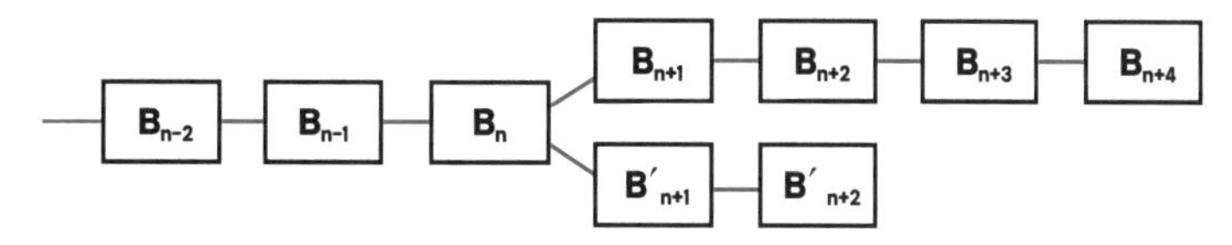

두 branch의 차이가 크게 벌어질수록 많은 수의 채굴자가 더 긴 branch로 이동하고, 최종적으로 짧은 branch는 사라짐

브랜치: 블록체인에서 두 개 이상의 블록이 동시에 생성될 때 생기는 분기. 나중에 더 긴 체인이 되지 않는 브랜치는 버려진다. 이렇게 버려지는 블록은 스태일 블록(stale block)이라고 한다.

다음 작업증명이 발견되어: 채굴자가 목표값을 충족하는 유효한 해시값을 찾아냈다는 것을 의미.

블록 채굴 경쟁 도식

경쟁에서 진 스태일 블록에 수집된 거래들은 해체되어 다시 메모리풀로 돌아간다.

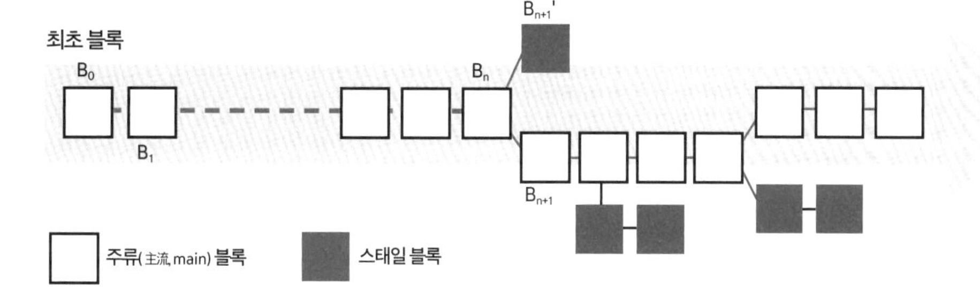

많은 노드: 여기서 '많은'은 전체 네트워크에서 노드의 절반 이상(과반수)을 의미.

메시지: 새로운 블록이나 새로운 거래(송금) 정보를 말한다. 또한 네트워크 내 다양한 노드들이 서로 정보를 교환하고, 거래를 검증하며, 블록체인을 업데이트하는 데 필요한 여러 데이터 패킷들을 뜻하기도 한다.

이해하기 쉬운 번역

5. 네트워크

네트워크가 작동하는 단계는 다음과 같다.

1. 새로운 거래(송금) 정보가 모든 컴퓨터(노드)에 전송된다.
2. 각 노드는 새로운 거래 정보를 모아서 하나의 묶음 즉, 블록을 만든다.
3. 각 노드는 이 블록을 검증하기 위해 복잡한 문제를 푼다(작업증명).
4. 어떤 노드가 난이도 조건을 충족하는 해시값을 찾았다면(작업증명을 마쳤다면) 블록을 모든 노드에 전송한다.
5. 노드들은 블록 안의 모든 거래 정보가 정확하고, 동일한 비트코인이 중복 사용되지 않았음을 확인했을 때 그 블록을 승인한다.
6. 노드들은 승인된 블록의 해시를 사용해(이전 블록 해시) 다음 블록을 생성하며, 이를 통해 해당 블록이 승인되었음을 표현한다.

네트워크의 컴퓨터들은 항상 가장 긴 블록체인을 올바른 것으로 여기고, 계속해서 그 체인을 확장하는 작업을 한다. 이는 합의 프로토콜인 '가장 긴 체인 규칙'에 기초한다. 여기서 '가장 긴 체인'은 단순히 블록의 수로 결정되지 않고, 총 작업증명의 양에 따라 결정된다. 다시 말해, 가장 많은 연산 작업이 투입된 체인, 즉 총 난이도가 가장 높은 체인을 유효한 체인으로 인정한다. 만약 두 컴퓨터가 서로 다른 버전의 다음 블록을 동시에 전송한다면, 각 컴퓨터는 두 버전 중 어느 하나를 먼저 받게 된다. 이 경우 먼저 받은 블록으로 작업을 진행하지만, 다른 블록이 연결된 체인이 더 길어질 경우를 대비해 다른 버전도 저장해둔다. 다음 문제가 풀리면(해시값을 발견하여 작업증명을 마치면) 한쪽 체인이 더 길어지고, 동점 상황이 해소된다. 다른 체인에서 작업하던 노드들은 더 긴 체인으로 전환한다. 경쟁에 진 블록은 '스태일 블록'이 되어 블록체인에 포함되지 못하고 무효화된다. 스태일 블록에 포함되었던 거래들은 다시 메모리 풀(Mempool)로 돌아가 다음 블록에 포함되길 기다린다.

새로운 거래(송금) 정보가 반드시 모든 컴퓨터에 도달해야 하는 건 아니다. 과반수의 컴퓨터에만 도달해도 그 거래는 블록에 포함될 것이다. 송금 정보나 블록 전송 중 일부가 수신되지 못해 누락되는 것도 괜찮다. 어떤 컴퓨터가 블록을 받지 못한 경우, 다음 블록을 받고 누락된 블록이 있음을 알게 되면 그 블록을 다시 요청할 것이기 때문이다.

6
인센티브

6. Incentive

By convention, the first transaction in a block is a special transaction that starts a new coin owned by the creator of the block. This adds an incentive for nodes to support the network, and provides a way to initially distribute coins into circulation, since there is no central authority to issue them. The steady addition of a constant of amount of new coins is analogous to gold miners expending resources to add gold to circulation. In our case, it is CPU time and electricity that is expended.

The incentive can also be funded with transaction fees. If the output value of a transaction is less than its input value, the difference is a transaction fee that is added to the incentive value of the block containing the transaction. Once a predetermined number of coins have entered circulation, the incentive can transition entirely to transaction fees and be completely inflation free.

The incentive may help encourage nodes to stay honest. If a greedy attacker is able to assemble more CPU power than all the honest nodes, he would have to choose between using it to defraud people by stealing back his payments, or using it to generate new coins. He ought to find it more profitable to play by the rules, such rules that favour him with more new coins than everyone else combined, than to undermine the system and the validity of his own wealth.

6. 인센티브

관례적으로, 블록 내의 첫 번째 거래는 블록 생성자가 소유하게 될 신규 코인을 생성하는 특별한 거래이다. 이는 노드들이 네트워크를 유지할 동기를 부여하는 동시에, 코인을 발행하는 중앙기관이 없기 때문에 유통을 위한 최초 코인의 배포 방법이기도 하다. 일정량의 새 코인이 지속적으로 추가되는 것은 마치 금 채굴업자가 자원을 투입하여 금을 유통 시장에 공급하는 것과 유사하다. 우리의 경우, 컴퓨팅 시간과 전기 요금이 이 자원에 해당한다.

인센티브는 또한 거래 수수료에 의해서도 충당될 수 있다. 만약 거래의 출력값(수취액)이 입력값(송금액)보다 작다면 그 차액은 해당 거래를 포함하는 블록의 인센티브 값으로 얹어진 거래 수수료이다. 미리 정해진 수의 코인이 모두 발행되고 나면 인센티브는 완전히 거래 수수료 체제로 전환되고 인플레이션에서 완벽하게 자유롭게 된다.

이 인센티브는 노드들이 정직하게 행동하도록 장려하는 역할을 할 수 있다. 탐욕스러운 공격자가 모든 정직한 노드들보다 더 많은 컴퓨팅 파워를 집중시킬 수 있다면, 그는 이 컴퓨팅 파워를 자신이 이미 지불한 것을 다시 훔쳐내 사람들을 속이는 것과 새로운 코인을 생성하는 데 사용하는 것 중에서 선택해야 한다. 그는 규칙을 따르는 것이, 그 규칙이 다른 모든 사람을 합친 것보다 더 많은 새 코인을 그에게 유리하게 제공하기 때문에, 시스템을 훼손하고 자신의 재산의 유효성을 해치는 것보다 더 이익이 된다는 것을 알게 될 것이다.

개념과 원리

블록 내의 첫 번째 거래는 블록 생성자가 소유하게 될 신규 코인을 생성하는 특별한 거래: 블록 생성자가 보상으로 비트코인을 받는 거래를 '코인베이스 트랜잭션'이라 한다. 입력값이 [COINBASE].

유통을 위한 최초 코인의 배포 방법: 신규 발행 코인을 시장에 공급하여 유통시키는 방법.

인센티브는 또한 거래 수수료에 의해서도 충당될 수 있다: 비트코인 블록 생성자가 받는 채굴 보상은 초기에는 블록당 50 BTC였다가 4번의 반감기를 거쳐 2024년 8월 현재 블록 보상은 3.125 BTC에 이르렀다. 블록에 포함된 개별 거래들의 수수료 총합이 0.1~0.2 BTC 정도이기 때문에, 현재 평균적으로 받는 보상은 블록당 3.125 + 0.15 ≒ 3.275 BTC.

ASIC 채굴기. CPU나 GPU 채굴기들에 비해 성능이 압도적이다.

정해진 수의 코인이 모두 발행되고 나면: 2,100만 개의 비트코인이 2140년까지 발행 완료되면.

비트코인 반감기

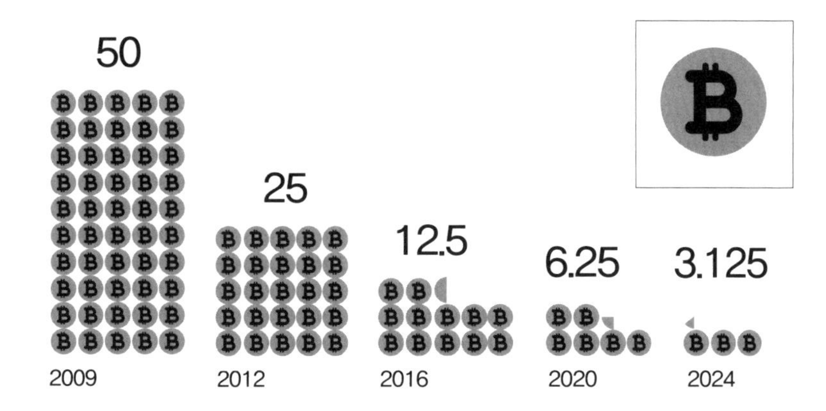

4년 주기 반감기마다 블록 당 보상 비트코인이 절반으로 줄어든다. 결과적으로 비트코인 채굴량이 반감된다.

비트코인 발행 스케줄과 인플레율

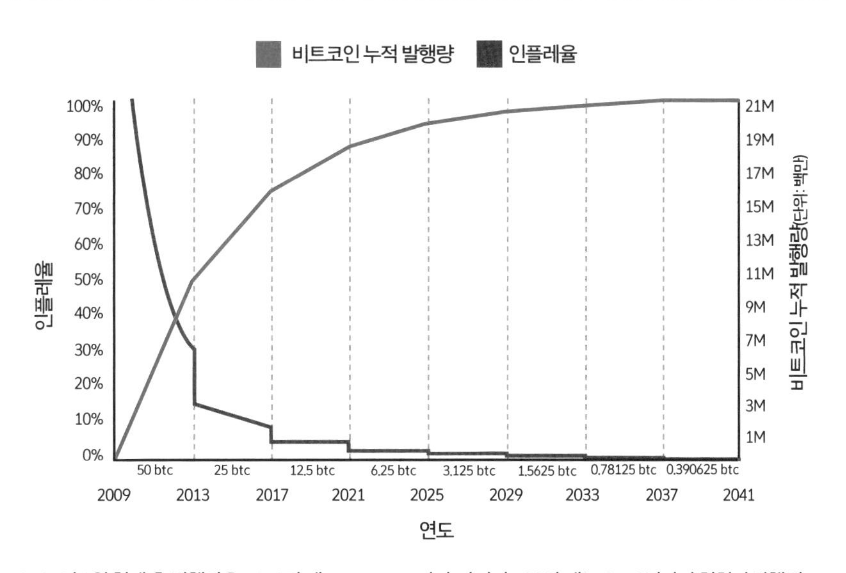

2024년 6월 현재 총 발행량은 1970만 개(발행률 93.8%)이며, 나머지 130만 개는 2140년까지 천천히 발행될 예정이다. 현재 연간 인플레율은 0.8% 정도, 이미 인플레가 거의 일어나지 않는 구간으로 접어들었다.

다른 모든 사람을 합친 것보다 더 많은 새 코인을 그에게 유리하게 제공하기 때문에: 모든 정직한 노드들보다 더 많은 컴퓨팅 파워를 가진다면 비트코인 채굴 경쟁에서 압도적으로 유리하고, 정직한 노드 모두를 합친 것보다 더 많은 비트코인을 얻을 수 있을 것이다.

비트코인 거래와 채굴 보상이 이루어지는 과정 개념도

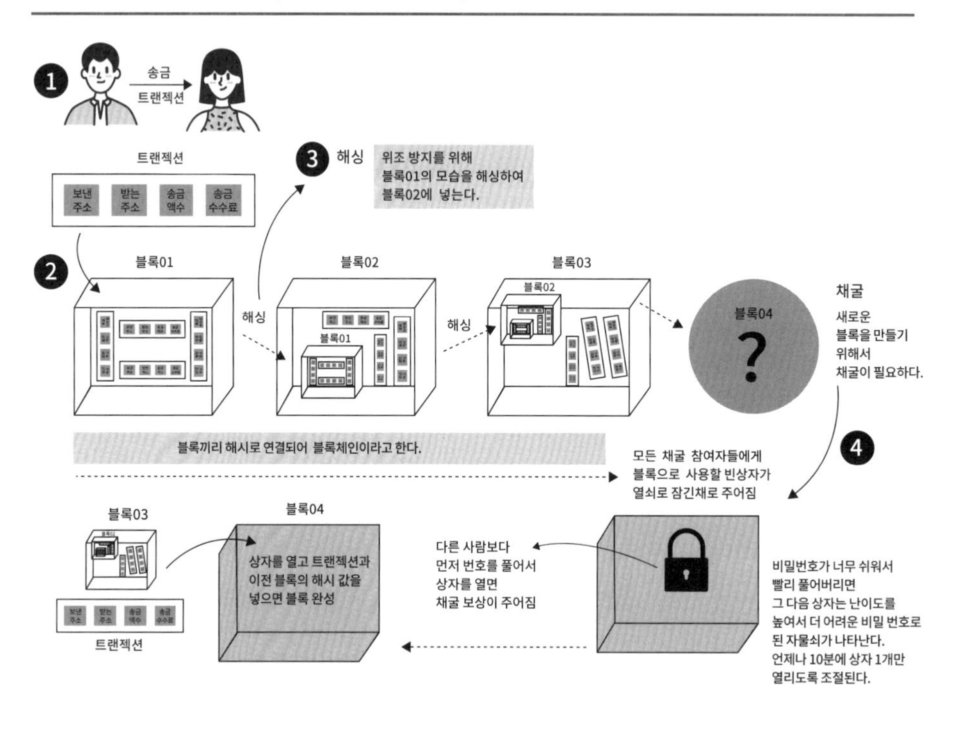

이해하기 쉬운 번역

6. 인센티브

모든 블록의 첫 번째 거래(송금)는 블록 생성자가 채굴 보상으로 새로운 코인을 받는 특별한 거래이다. 비트코인에서는 노드(컴퓨터)를 운영하는 사람들에게 보상을 주기 위한 특별한 규칙이 있다. 먼저, 어려운 조건의 해시값을 찾는 '작업증명'을 통해 새로운 블록을 생성한 사람이 보상으로 새 코인을 받는다. 이것을 채굴이라 한다. 이 방식은 노드들이 열심히 일을 하도록 동기를 부여하고, 중앙은행 없이 시장에 유통시킬 신규 발행 코인을 나눠주는 방법이기도 하다. 이는 마치 채굴업자들이 금을 캐서 시장에 내놓는 것과 비슷하다. 금 채굴과 달리, 여기에 투여되는 자원은 컴퓨팅 시간과 전기료이다.

또한, 송금 수수료를 통해서도 보상을 받을 수 있다. 만약 어떤 거래에서 출력값의 합이 입력값의 합보다 적다면, 그 차액은 해당 거래를 포함하는 블록의 수수료가 차감된 것이다. 2,100만 개의 비트코인이 2140년경에 모두 발행되고 나면, 보상은 완전히 송금 수수료만으로 충당된다. 더 이상 비트코인은 추가 발행되지 않고 인플레이션도 발생하지 않는다.

이 보상 시스템은 노드들이 정직하게 행동하도록 만든다. 만약 탐욕스런 공격자가 모든 정직한 노드들보다 더 많은 컴퓨팅 파워를 가지고 있다면, 그는 이 컴퓨팅 파워를 사용해 이미 보낸 돈을 다시 되돌려 훔치거나 새로운 코인을 채굴하는 것 중에서 선택할 수 있다. 하지만 그는 시스템을 망가뜨리는 것보다 채굴자로서 정직하게 행동해서 다른 모든 사람을 합친 것보다 더 많은 새 코인을 얻는 것이 훨씬 큰 이익이라는 것을 알게 될 것이다.

개념과 원리

그는 시스템을 망가뜨리는 것보다 채굴자로서 정직하게 행동해서 다른 모든 사람을 합친 것보다 더 많은 새 코인을 얻는 것이 훨씬 큰 이익이라는 것을 알게 될 것이다: 51% 공격과 관련된 논리를 설명하고 있다. 비트코인 네트워크에서 어떤 사람이나 집단이 전체 컴퓨팅 파워의 51% 이상을 확보한다면, 이론적으로 그는 네트워크를 공격하여 시스템을 훼손시킬 수 있다. 하지만, 51% 컴퓨팅 파워를 확보한다고 하더라도, 그가 공격자로 행동하기보다 채굴자로 행동하는 것이 훨씬 이익이 크기 때문에 공격자로 처신하지 않을 것이라는 뜻이다.

7
디스크 공간 회수

7. Reclaiming Disk Space

Once the latest transaction in a coin is buried under enough blocks, the spent transactions before it can be discarded to save disk space. To facilitate this without breaking the block's hash, transactions are hashed in a Merkle Tree [7][2][5], with only the root included in the block's hash. Old blocks can then be compacted by stubbing off branches of the tree. The interior hashes do not need to be stored.

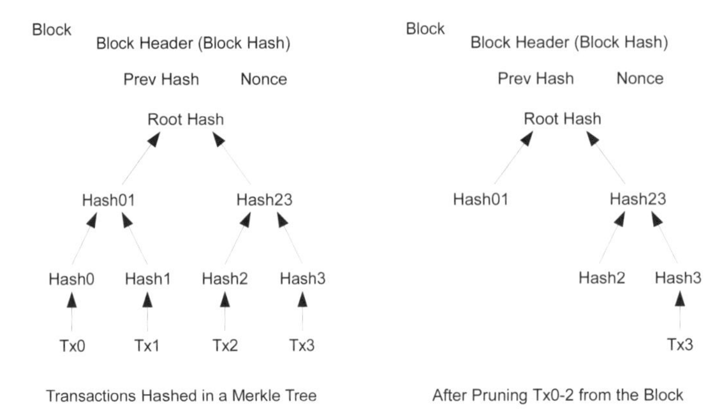

A block header with no transactions would be about 80 bytes. If we suppose blocks are generated every 10 minutes, 80 bytes * 6 * 24 * 365 = 4.2MB per year. With computer systems typically selling with 2GB of RAM as of 2008, and Moore's Law predicting current growth of 1.2GB per year, storage should not be a problem even if the block headers must be kept in memory.

7. 디스크 공간 회수

코인의 가장 최근 거래가 충분한 수의 블록들에 의해 묻히게 되면, 그 전에 발생한 사용된 거래는 디스크 공간을 절약하기 위해 삭제될 수 있다. 블록의 해시를 깨뜨리지 않고 이 작업을 수행하기 위해 거래들은 머클 트리 안에 해시되며, 해당 트리의 루트만 블록 해시에 포함된다. 이렇게 하면 오래된 블록들은 트리의 가지를 잘라내어 압축할 수 있다. 내부 해시들은 저장될 필요가 없다.

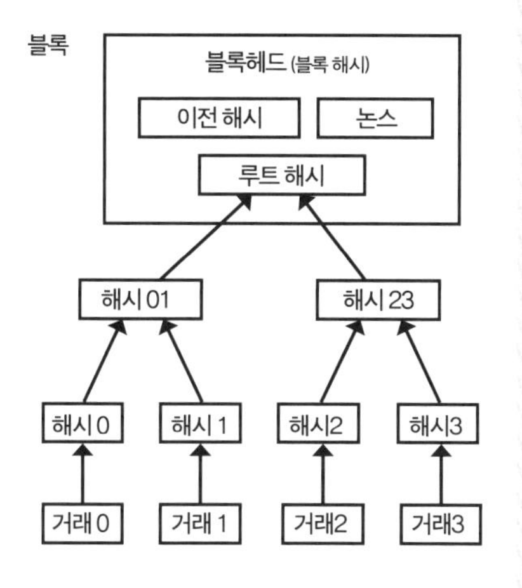

머클 트리에 해시된 거래내역들

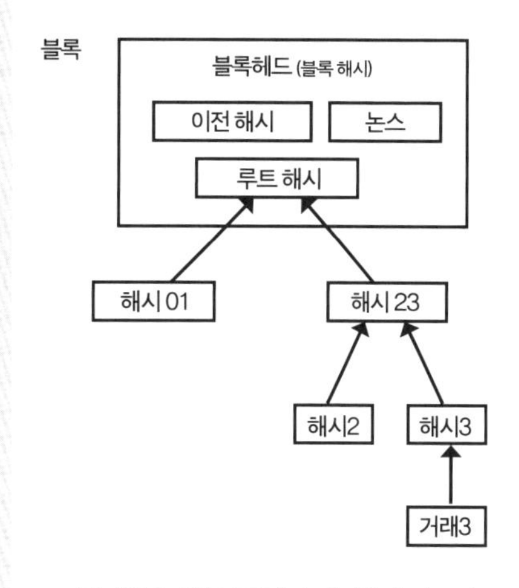

거래내역 0-2를 블록에서 제거한 후의 모습

거래 정보가 없는 블록 헤더의 크기는 약 80바이트이다. 블록이 10분마다 생성된다고 가정하면, 80바이트 × 6 × 24 × 365 = 연간 4.2MB 정도가 된다. 2008년 현재 일반적으로 2GB의 램을 장착한 컴퓨터가 판매되고 있고, 무어의 법칙에 따라 매년 1.2GB씩 증가한다고 예측하면, 블록 헤더들이 메모리에 반드시 보관되어야 한다고 해도 저장 용량은 문제가 되지 않을 것이다.

개념과 원리

충분한 수의 블록: 어떤 거래가 확정되고 변경될 가능성이 거의 없다는 것을 보장하는 블록의 수를 의미한다. 해당 거래가 안전하게 확정되었음을 의미하기 위해 필요한 블록의 수를 말한다. 비트코인 네트워크에서는 보통 6개의 블록이 추가된 후 거래가 변경 불가능으로 확정되었다고 간주한다.

블록의 해시를 깨뜨리지 않고 이 작업을 수행하기 위해 거래들은 머클 트리 안에 해시되며: 블록체인에서 블록의 해시를 깨뜨리지 않고 이전 거래 데이터를 삭제하려면, 거래들이 머클 트리(Merkle Tree) 안에 해시되어야 한다. 머클 트리는 블록

머클 트리의 구조

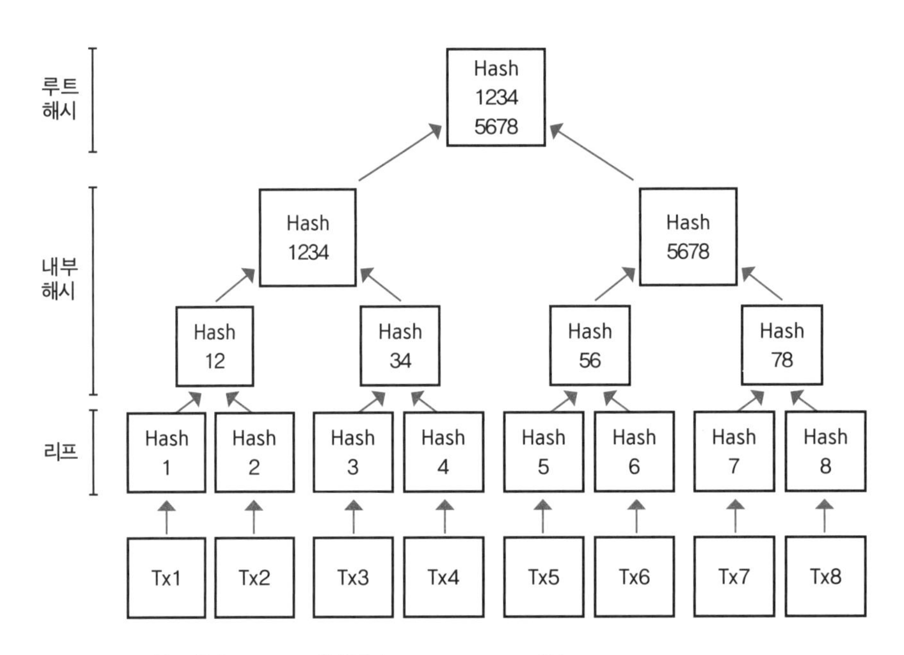

개별 거래를 해싱하고, 그 해시값을 두 개씩 쌍을 지어 다시 해싱하고, 다시 두 개씩 해싱하고, 이렇게 계속 반복하여 최종 하나의 해시값을 얻는다. 이 최종 해시값이 루트 해시(머클 루트)이다. 루트 해시는 블록 헤드에 포함되어 블록 내 모든 거래의 무결성을 하나의 해시값으로 요약하는 역할을 한다.

에 포함된 모든 거래의 해시값들을 계층적으로 구성하는 트리 구조이다. 각각의 거래는 해시되고, 이 해시값들이 쌍을 이루어 다시 해시되며, 이렇게 상위 노드로 올라가면서 반복하여 최종적으로 루트 해시값을 생성한다. 블록의 해시를 변경하지 않으면서 일부 오래된 거래 데이터를 삭제하려면, 전체 거래 리스트에서 해당 데이터를 제거하지 않고, 대신 트리 구조 내에서 관련 브랜치만 삭제하면 된다. 이 때, 트리의 루트 해시값은 변경되지 않으며, 블록 헤더 내의 블록 해시도 동일하게 유지된다. 머클 트리를 사용하면 블록체인의 일관성과 보안성을 유지하면서도 오래된 데이터의 삭제가 가능해지고 디스크 공간을 절약할 수 있다. 실제에 있어서 저장 공간을 절약하기 위해 최근 발생한 6개 블록만 전체 데이터를 그대로 유지하고, 그 이전 모든 블록들은 블록헤드만 남기고 거래 관련 데이터는 모두 삭제된다.

내부 해시들은 저장될 필요가 없다: 내부 해시는 트리 구조 내에서 중간 단계의 해시값을 나타내며, 이를 통해 최종 루트 해시를 얻는다. 블록체인에서는 최종 루트 해시만 저장해도 데이터의 무결성을 검증할 수 있으므로, 내부 해시들을 별도로 저장할 필요는 없다.

거래 정보가 없는 블록 헤더: 블록 헤더는 블록의 중요한 메타데이터를 포함하는 부분으로, 직전 블록

블록의 구조와 크기 제한

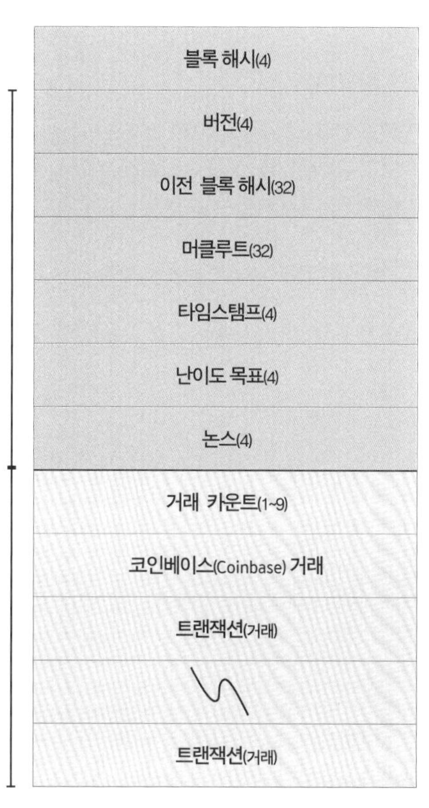

블록 전체의 최대 크기는 1MB이며, 블록 헤더의 크기는 고정된 80바이트이다.

의 해시, 머클 루트, 난이도 목표, 타임스탬프, 논스가 담겨 있다. 거래(송금) 정보는 블록 헤더가 아니라 바디에 포함되어 있다.

무어의 법칙: 인텔의 공동 창립자 고든 무어가 1965년에 제시한 이론으로, 반도체 칩의 트랜지스터 수가 약 18개월마다 두 배로 증가한다는 이론이다. 이 법칙은 컴퓨터 성능이 빠르게 향상되고 기술 발전 속도가 급격히 증가함을 예측한다. 무어의 법칙은 반도체 산업에서 중요한 예측 도구로 사용되었다.

이해하기 쉬운 번역

7. 저장 공간 확보

가장 최근의 비트코인 거래가 6개 이상의 블록에 의해 안정적으로 확정되면, 이전에 사용된 오래된 거래 기록은 디스크 공간을 아끼기 위해 삭제할 수 있다. 블록의 해시를 유지하면서 이 작업을 하려면, 거래 기록들을 머클 트리라는 구조에 넣고, 이 트리의 맨 꼭대기인 루트만 블록 해시에 포함시킨다. 이렇게 하면 오래된 블록들은 트리의 가지를 잘라내어 압축할 수 있다. 최종적인 머클 루트 값만 있으면 블록에 포함된 모든 거래의 무결성(데이터가 변경되거나 손상되지 않고 원래 상태를 유지)을 검증할 수 있기 때문에 중간 단계의 해시값들은 따로 저장하지 않아도 된다. 이는 블록체인 네트워크의 처리 속도를 향상시키는 데 필수적이기도 하다.
실제에 있어서 저장 공간을 절약하기 위해 최근 발생한 6개 블록만 전체 데이터를 그대로 유지하고, 그 이전 모든 블록들은 블록헤드만 남기고 거래 관련 데이터는 모두 삭제된다.

블록 헤더는 직전 블록의 해시값, 머클 루트, 타임스탬프, 난이도 목표, 임시값(nonce) 등 중요 데이터를 포함하고 있지만, 실제 거래(송금) 내역 정보는 포함하지 않는다. 이 블록 헤더의 크기는 약 80바이트이다. 블록이 10분마다 생성된다고 가정하면, 80바이트 × 6 × 24 × 365 = 4.2MB, 연간 약 4.2MB가 된다. 2008년 현재 일반적으로 2GB 램을 장착한 컴퓨터가 판매되고 있으며, 무어의 법칙에 따라 매년 1.2GB씩 증가한다고 예측하면, 블록 헤더들이 메모리에 반드시 보관되어야 한다고 해도 저장 용량은 문제가 되지 않을 것이다.

개념과 원리

머클 트리(Merkle Tree): 블록체인 기술에서 사용되는 데이터 구조로, 많은 양의 데이터를 효율적으로 관리하고 검증하기 위해 설계되었다. 머클 트리는 개별 데이터(거래)들을 해시한 값을 차례로 합쳐가며 상위 노드로 올라가 최종적으로 하나의 루트 해시(Root Hash)를 생성하는 트리 구조를 갖는다. 머클 트리는 블록체인에서 많은 거래를 안전하고 효율적으로 관리하는 데 중요한 역할을 한다.

1. **효율적인 검증**: 루트 해시만으로도 전체 데이터의 무결성을 검증할 수 있어, 빠르고 간편한 검증이 가능하다.
2. **저장 공간 절약**: 각 개별 데이터를 저장할 필요 없이 해시값만 저장하므로, 저장 공간을 절약할 수 있다.
3. **변조 방지**: 데이터가 변조될 경우 하위 해시값들이 모두 변경되기 때문에, 데이터의 무결성을 보장할 수 있다.

오래된 블록들: 블록체인 내에서 6개 이상의 블록에 의해 덮여진(오랜 시간 동안 변경되지 않은) 블록들을 의미한다. 충분히 많은 블록이 추가되어 거래가 확정되고 안전하게 변경 불가능한 상태가 된 블록을 가리킨다.

머클 루트(Merkle Root): 머클 트리(Merkle Tree)의 최상위 해시값을 의미한다. 머클 트리는 블록체인 기술에서 데이터 무결성을 검증하는 데 사용되는 구조이다. 각 거래의 해시를 모아 두 개씩 짝을 지어 새로운 해시를 생성하고, 이를 반복하여 최종적으로 하나의 해시값, 즉 머클 루트를 생성한다. 머클 루트는 블록 헤더에 포함되며, 블록 내 모든 거래의 일관성과 무결성을 검증하는 데 사용된다.

8

간소화된 지불검증

8. Simplified Payment Verification

It is possible to verify payments without running a full network node. A user only needs to keep a copy of the block headers of the longest proof-of-work chain, which he can get by querying network nodes until he's convinced he has the longest chain, and obtain the Merkle branch linking the transaction to the block it's timestamped in. He can't check the transaction for himself, but by linking it to a place in the chain, he can see that a network node has accepted it, and blocks added after it further confirm the network has accepted it.

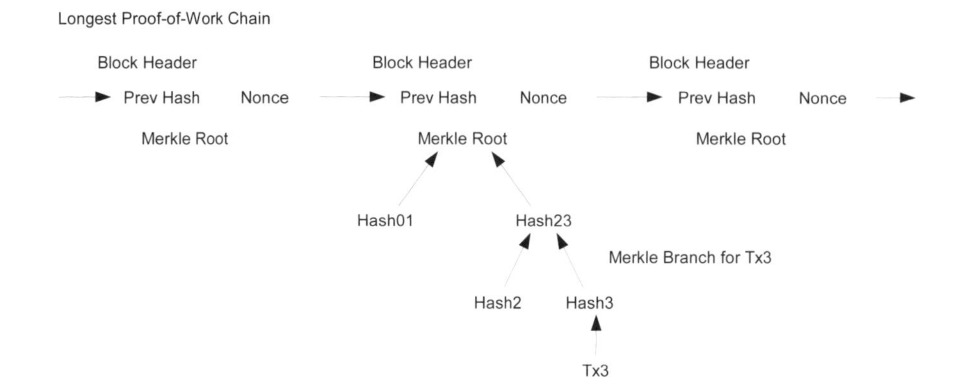

As such, the verification is reliable as long as honest nodes control the network, but is more vulnerable if the network is overpowered by an attacker. While network nodes can verify transactions for themselves, the simplified method can be fooled by an attacker's fabricated transactions for as long as the attacker can continue to overpower the network. One strategy to protect against this would be to accept alerts from network nodes when they detect an invalid block, prompting the user's software to download the full block and alerted transactions to confirm the inconsistency. Businesses that receive frequent payments will probably still want to run their own nodes for more independent security and quicker verification.

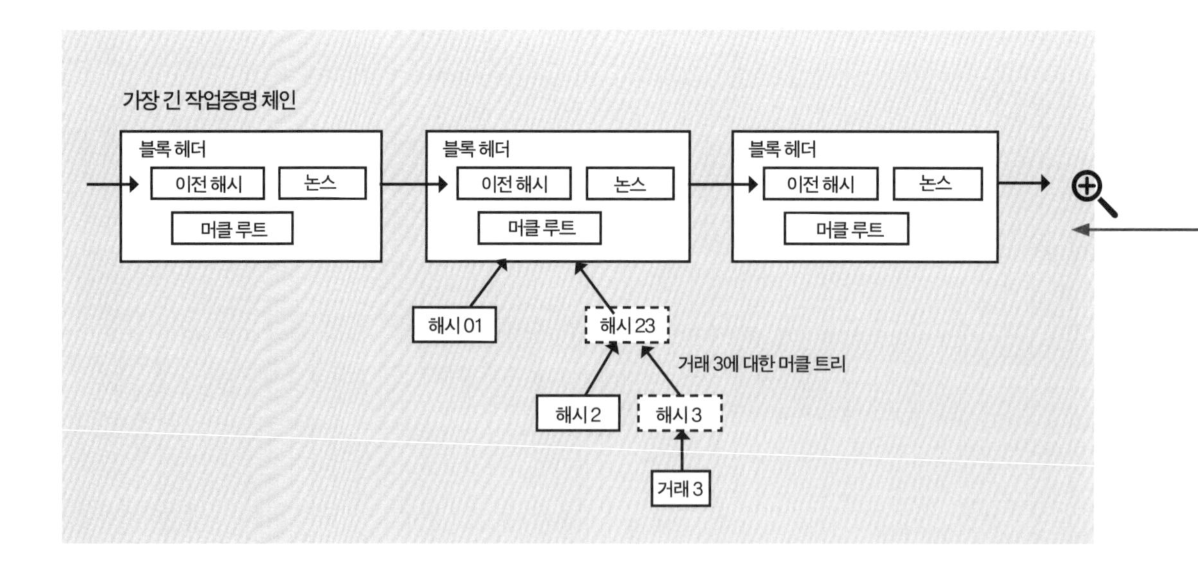

8. 간소화된 지불 검증

전체 네트워크 노드를 실행하지 않고도 지불을 검증하는 것이 가능하다. 사용자는 자신이 가장 긴 작업증명 체인을 가졌다고 확신할 때까지 네트워크 노드를 조회해, 얻을 수 있는 가장 긴 체인의 블록 헤더들의 사본을 유지하면서, 타임스탬프가 찍힌 블록에 연결된 머클 브랜치를 얻기만 하면 된다. 사용자는 직접 그 거래를 검증할 수는 없지만, 그것을 체인의 한 부분에 연결함으로써 네트워크 노드가 그 거래를 받아들였음을 확인할 수 있으며, 이후에 추가된 블록들은 네트워크가 거래를 받아들였다는 것을 더 확실하게 확인시켜준다.

따라서 정직한 노드가 네트워크를 통제하는 한 이 검증은 신뢰할 수 있지만, 공격자가 네트워크를 장악할 경우 취약해진다. 네트워크 노드는 스스로 거래를 검증할 수 있지만, 공격자가 계속해서 네트워크를 장악할 수 있는 한 이 간소화된 방식은 공격자가 조작한 거래에 속임을 당할 수 있다. 이를 방지하기 위한 한 가지 전략은 네트워크 노드가 유효하지 않은 블록을 감지할 때 경고를 받아들이고 사용자 소프트웨어가 전체 블록과 경고된 거래들을 다운로드하여 불일치 사항을 확인하도록 하는 것이다. 하지만, 잦은 지불을 받는 사업체들은 보다 독립적인 보안과 빠른 검증을 위해 여전히 '자체 노드'를 운영하기를 원할 것이다.

개념과 원리

전체 네트워크 노드를 실행하지 않고도 지불을 검증하는 것이 가능하다: 비트코인 거래에서 수취인은 자신이 받은 비트코인이 유효하며, 이중지불이 아닌지를 확인받고 싶어 한다. 이럴 때 블록체인 전체 데이터를 다운로드 받지 않고도, 즉 전체 블록체인을 저장하고 관리하는 풀 노드를 실행하지 않고도 유효성을 검증할 수 있다. 이렇게 하는 것을 간편 지불 검증(SPV)이라고 한다.

사용자는 자신이 가장 긴 작업증명 체인을 가졌다고 확신할 때까지 네트워크 노드를 조회해, 얻을 수 있는 가장 긴 체인의 블록 헤더들의 사본을 유지하면서, 타임스탬프가 찍힌 블록에 연결된 머클 브랜치를 얻기만 하면 된다: 사용자는 자신이 받은 비트코인이 실제로 블록체인에 포함되었는지 확인하기 위해, 네트워크에서 가장 최신의 긴 블록체인을 찾을 때까지 여러 노드들을 조회한다. 그런 다음, 이

SPV 노드가 네트워크 노드(풀 노드)를 조회해 지불 검증을 하는 방법

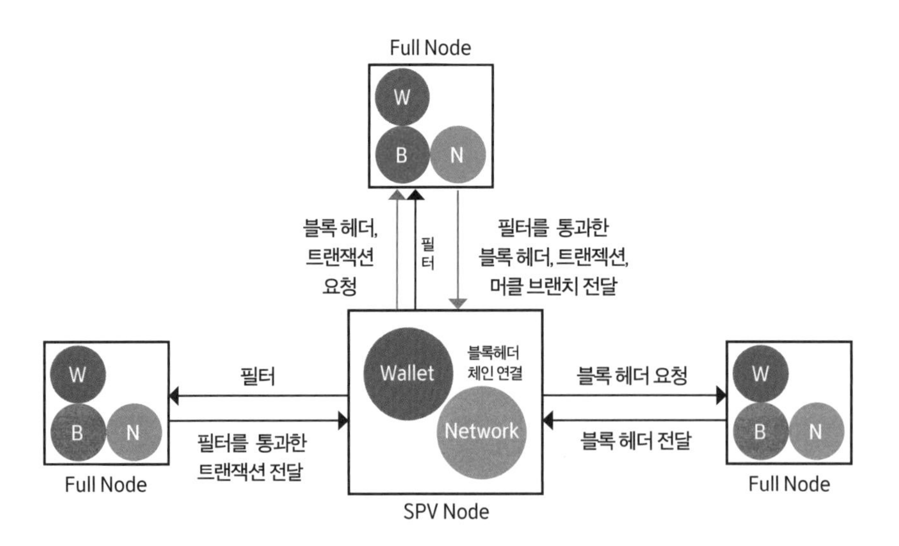

- 풀 노드는 지갑 정보와 모든 블록체인 데이터를 보유하고, 네트워크에 정보를 전파하는 역할을 수행한다.
- SPV 노드는 블록 헤더 정보만 보유한다. 헤더 정보만 저장하므로 자신의 트랜잭션을 검증할 때 풀 노드의 도움이 필요하다. 주로 비트코인 지갑 어플리케이션으로 사용된다.

블록체인의 요약 정보(블록 헤더)를 저장해두고, 자신이 받은 비트코인이 포함된 블록과 연결된 거래 데이터(머클 브랜치)만 확인하면 된다. 이렇게 하면 전체 블록체인을 다운로드하지 않아도 거래가 유효한지 검증할 수 있다.

사용자: 네트워크 운영에 참여하지 않고 비트코인 송금이나 수신만 하는 개인 투자자나 일반 사용자. '간편 지불 검증' 사용자, 즉 SPV(Simplified Payment Verification) 사용자를 말한다. SPV 사용자는 전체 블록체인을 다운로드하지 않고도 특정 거래의 유효성을 확인할 수 있다. SPV 방식은 블록 헤더와 머클 브랜치를 통해 해당 거래가 블록체인에 포함되었는지 검증할 수 있다.

머클 브랜치: 머클 브랜치란 어떠한 특정 거래가 블록체인에 포함되었음을 증명하기 위해 사용되는 데이터 구조다. 머클 트리라고 불리는 트리 구조에서, 머클 브랜치는 루트 해시로부터 특정 거래까지의 경로를 포함하는 일련의 해시값들로 구성된다. 이를 통해 간편 지불 검증(SPV) 사용자는 전체 블록체인을 다운로드하지 않고도 특정 거래가 블록체인에 포함되었음을 확인할 수 있다.

그것을 체인의 한 부분에 연결함으로써 네트워크 노드가 그 거래를 받아들였음을 확인할 수 있으며: (블록 생성자가) 그 거래를 블록체인의 한 부분으로 연결하면, 네트워크의 다른 노드들이 그 거래를 확인하고 승인했음을 알 수 있다. '연결'이라는 단어를 통해 거래가 블록체인이라는 연속된 구조 내에서 위치를 잡고, 기존의 블록체인에 통합되었음을 설명하고 있다.

공격자가 네트워크를 장악할 경우: 비트코인 네트워크에서 '공격자가 네트워크를 장악할 경우'라는 표현은 공격자가 네트워크 전체 컴퓨팅 파워의 51% 이상을 확보하는 상황을 의미한다. 이를 '51% 공격'이라고 한다.

네트워크 노드: 비트코인 네트워크의 전체 블록체인을 다운로드하고 유지하는 풀 노드(Full Node)를 의미한다. 풀 노드는 네트워크의 모든 거래와 블록을 검증하고, 블록체인 데이터베이스를 최신 상태로 유지하며, 새로운 블록을 생성하고 전파하는 역할을 한다. SPV 방식보다 더 높은 수준의 보안과 신뢰성을 확보할 수 있다. 그러나 백서가 나온 초기와 달리 지금의 '네트워크 노드'는 의미가 바뀌어 풀 노드, 마이닝 노드(채굴자), 경량 노드, SPV 노드, 프라이빗 노드 등 모든 참여자를 아우르는 의미로 사용된다.

자체 노드: 네트워크 노드, 즉 풀 노드를 의미. 현재 기준으로 본다면 프라이빗 노드에 더 가깝다. 프라이빗 노드는 특정 사용자나 조직이 운영하는 풀 노드로, 네트워크 전체에 공개되지 않고 자체적인 용도로 사용된다. 참고로, 비트코인 네트워크 참여자는 기능별로 주로 다음과 같이 구분할 수 있다.

1. 풀 노드(Full Node)

- 전체 블록체인의 복사본을 보유하고, 모든 거래와 블록을 검증한다.
- 네트워크 규칙을 강제하고, 거래의 유효성을 확인하며, 블록을 전파한다.
- 블록체인의 보안과 무결성을 유지하는 데 중요한 역할을 한다.

2. 채굴자(Miner)

- 새로운 블록을 생성하고, 네트워크에 추가하기 위해 복잡한 수학적 문제(작업증명, PoW)를 해결한다.
- 채굴을 통해 거래를 블록체인에 기록하고, 그 대가로 새로 생성된 비트코인과 거래 수수료를 보상받는다.
- 네트워크의 트랜잭션 처리 속도와 보안을 유지하는 데 필수적이다.

3. 경량 노드(Lightweight or SPV Node)

- 전체 블록체인을 다운로드하지 않고, 관련된 블록 헤더만을 유지하여 자신의 거래를 검증한다.
- 네트워크의 전체 데이터를 유지하기에는 리소스가 부족한 사용자에게 적합하다.
- 비교적 더 적은 데이터를 처리함으로써, 모바일 기기와 같이 제한된 저장 공간이 있는 환경에서 효율적으로 작동한다.

4. 개발자(Developer)

- 주로 오픈 소스 프로젝트에 참여하는 무보수 자발적 봉사자들이다.
- 비트코인 소프트웨어와 프로토콜을 개발하고, 업데이트하며, 유지 보수한다.
- 네트워크의 기능 개선, 보안 강화 및 새로운 기능을 설계하고 구현한다.

이들 참여자 각각은 비트코인 네트워크의 안정성과 성장에 중요한 역할을 수행하며, 서로 다른 방식으로 네트워크를 지원한다.

비트코인 네트워크 기능별 참여자 구분

<table>
<tr><th colspan="2" rowspan="2">유형</th><th rowspan="2">네트워크</th><th rowspan="2">저장할 데이터</th><th colspan="3">지갑 기능</th><th rowspan="2">채굴기능</th></tr>
<tr><th>주소 확인</th><th>잔액 확인</th><th>송금</th></tr>
<tr><td colspan="2">풀노드
(Full Node)</td><td>메인 네트워크</td><td>검증에 필요한 데이터</td><td colspan="3">필요 없음</td><td>필요 없음</td></tr>
<tr><td colspan="2">아카이브 노드
(Archive Node)</td><td>메인 네트워크</td><td>모든 데이터</td><td colspan="3">필요 없음</td><td>필요 없음</td></tr>
<tr><td colspan="2">경량
클라이언트
(Lightweight Client)</td><td>메인 네트워크</td><td>검증에 필요한 최소한의 데이터</td><td colspan="3">필요 없음</td><td>필요 없음</td></tr>
<tr><td colspan="2">지갑
(Wallet)</td><td>메인 네트워크</td><td>필요 없음</td><td colspan="3">필요</td><td>필요 없음</td></tr>
<tr><td colspan="2" rowspan="2">채굴자
(Solo Miner)</td><td>메인 네트워크</td><td rowspan="2">검증에 필요한 최소한의 데이터</td><td rowspan="2">필요</td><td rowspan="2">필요 없음</td><td rowspan="2">필요 없음</td><td rowspan="2">수행</td></tr>
<tr><td>채굴 네트워크</td></tr>
<tr><td rowspan="4">채굴
풀
(Mining
Pool)</td><td rowspan="3">서버</td><td>메인 네트워크</td><td rowspan="3">검증에 필요한 최소한의 데이터</td><td rowspan="3">필요</td><td rowspan="3">필요 없음</td><td rowspan="3">필요</td><td rowspan="3">할당</td></tr>
<tr><td>채굴 네트워크</td></tr>
<tr><td>클라이언트-서버</td></tr>
<tr><td>클라이언트</td><td>클라이언트-서버</td><td>연산에 필요한 데이터</td><td>필요</td><td>필요 없음</td><td>필요 없음</td><td>수행</td></tr>
<tr><td colspan="2">라우터
(Router)</td><td>메인 네트워크</td><td>필요 없음</td><td colspan="3">필요 없음</td><td>필요 없음</td></tr>
</table>

이해하기 쉬운 번역

8. 간편 지불 검증

비트코인 네트워크에서 수취인은 전체 블록체인을 다운로드하지 않고도 자신이 받은 비트코인이 유효한지 지불 검증을 할 수 있다. 이를 위해 풀 노드 대신 간편 지불 검증(SPV) 방식이 사용된다. SPV는 전체 블록체인을 다운로드하지 않고도 거래를 검증하는 방법이다. SPV 사용자는 가장 긴 체인이 존재함을 확신할 때까지 네트워크를 계속 조회한다. 그런 다음, 가장 긴 체인의 블록 헤더 사본을 저장한다. 블록 헤더는 블록의 중요한 정보를 포함하지만, 실제 거래 내역은 포함하지 않는다. 해당 거래가 그 블록에 포함되어 있는지 확인하기 위해 머클 브랜치를 얻는다. 머클 브랜치는 그 거래가 블록의 일부임을 증명하는 경로로 사용된다. 이 과정을 통해 SPV 사용자는 직접 거래를 확인할 수는 없지만, 블록 채굴자에 의해 자신의 거래가 체인의 한 부분으로 연결됨으로써 네트워크가 그 거래를 받아들였음을 확인할 수 있다. 이후 추가된 블록들은 네트워크가 거래를 승인하였다는 것을 더 확실하게 확인시켜준다.

과반수의 네트워크 참여자가 검증을 수행하는 한, 검증은 믿을 수 있다. 하지만 공격자가 네트워크를 51% 이상 장악하면 문제가 생길 수 있다. 풀 노드의 네트워크 컴퓨터는 스스로 거래들을 확인할 수 있지만, 공격자가 계속해서 네트워크를 장악하면 SPV 방식은 조작된 지불에 속을 수 있다. 이를 막기 위해, 풀 노드 컴퓨터가 잘못된 블록을 발견하면 경고를 보내고, SPV 사용자는 그 경고를 받아들여 전체 블록과 경고된 거래를 다운로드하여 문제를 확인할 수 있다. 하지만 자주 지불을 받는 사업체들은 더 안전하고 빠르게 확인하기 위해 여전히 자체 풀 노드를 운영하기를 원할 것이다.

9

금액을 합치거나 쪼개기

9. Combining and Splitting Value

Although it would be possible to handle coins individually, it would be unwieldy to make a separate transaction for every cent in a transfer. To allow value to be split and combined, transactions contain multiple inputs and outputs. Normally there will be either a single input from a larger previous transaction or multiple inputs combining smaller amounts, and at most two outputs: one for the payment, and one returning the change, if any, back to the sender.

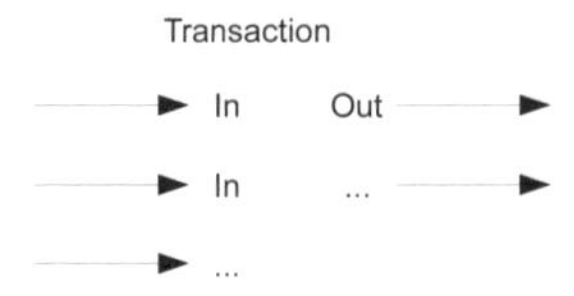

It should be noted that fan-out, where a transaction depends on several transactions, and those transactions depend on many more, is not a problem here. There is never the need to extract a complete standalone copy of a transaction's history.

9. 금액의 병합과 쪼개기

비록 코인들을 개별적으로 처리할 수 있지만, 이체할 때마다 모든 잔돈을 별도의 거래로 만드는 것은 비효율적이다. 가치를 쪼개고 합칠 수 있도록 한 개의 거래는 여러 개의 입력과 출력을 포함한다. 일반적으로 더 큰 이전 거래에서 온 단일 입력이거나 작은 금액들을 결합한 여러 입력이 있을 수 있으며, 출력은 최대 두 개로 이루어진다. 하나는 지불을 위한 것이고, 다른 하나는 만약 있다면 송금인에게 되돌려지는 거스름돈(잔액)이다.

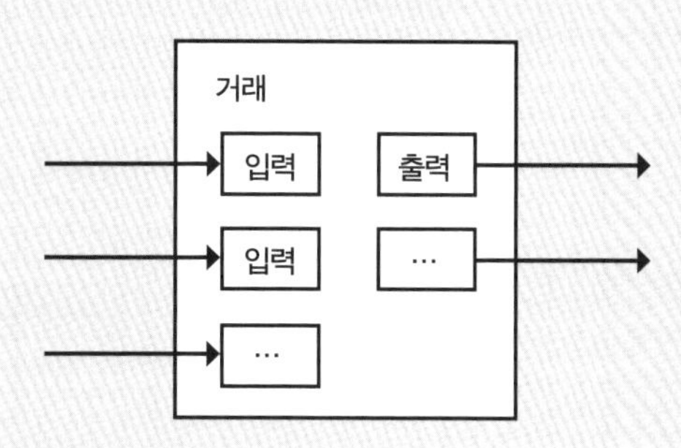

여기서 중요한 점은, 한 거래가 여러 거래에 의존하고, 그 거래들이 다시 더 많은 거래에 의존하는 팬아웃(fan-out) 현상은 문제가 되지 않는다는 것이다. 거래 기록의 완전한 독립적인 사본을 추출할 필요는 전혀 없다.

개념과 원리

비록 코인들을 개별적으로 처리할 수 있지만: '모든 코인을 따로따로 송금할 수도 있겠지만'의 뜻. 예를 들어 나에게 1 BTC, 1.5 BTC, 1.5 BTC 등 3개의 비트코인이 있고, 친구 B에게 4 BTC를 보내야 한다고 할 때, 한 번의 거래에 3개의 입력으로 처리하지 않고, 따로따로 세 번의 거래로 하는 것을 말함.

비효율적: 거래마다 작은 단위 거래를 여러 개 만들어야 해서 시간이 많이 걸리고, 복잡해지며, 송금 수수료가 증가할 수 있다.

한 개의 거래는 여러 개의 입력과 출력을 포함한다: 비트코인을 송금할 때 한 번에 여러 개의 입력과 출력을 포함할 수 있다. 입력은 이전 거래에서 받아서 보유 중인 코인 중에서 송금에 사용할 코인을 지칭하며, 출력은 새로운 수신자를 말한다. 이

비트코인 UTXO

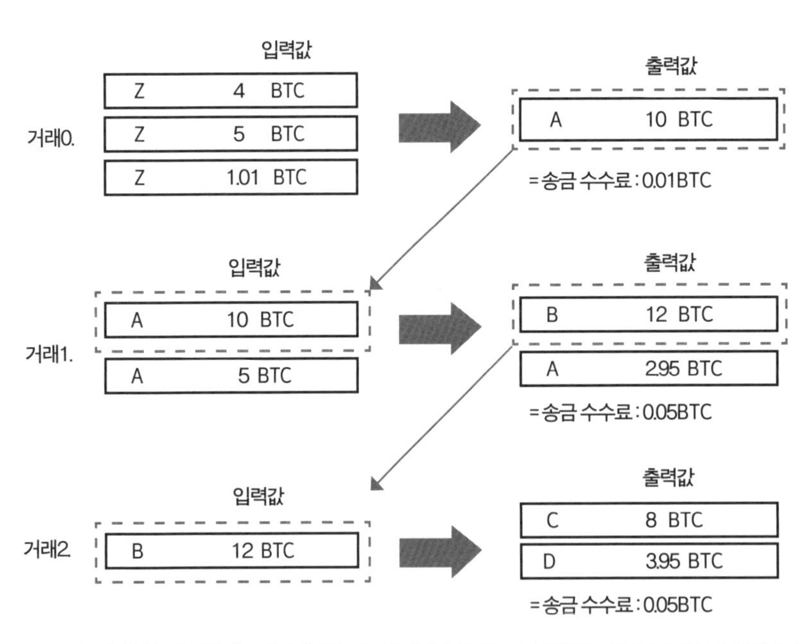

UTXO는 거래를 통해 금액이 쪼개지거나 합쳐져서 기존의 UTXO가 소멸되고 새로운 UTXO가 생성된다. 송금에 사용할 UTXO가 입력값이고, 수취인이 받게 될 금액과 남는 거스름돈(잔액)이 출력값이다.

전의 여러 다른 거래에서 받은 복수의 비트코인을 어떤 사람에게 보낼 때, 한꺼번에 여러 개의 비트코인 덩어리(UTXO)를 입력으로 사용하여 보내고, 수신자 또한 여러 개의 출력으로 하여 한 번 거래로 여러 수신자에게 비트코인을 보낼 수 있다. 비트코인 거래 구조의 유연성을 설명하는 개념이다.

더 큰 이전 거래에서 온 단일 입력: 송금자가 이전 거래에서 받아서 보유한 비트코인 덩어리(UTXO)가 새로운 수취인이 지불받을 금액보다 큰 경우, 이 한 건의 입력으로 지불금 커버가 가능한 거래를 말한다. (앞 그림의 '거래2'가 이 경우에 해당)

작은 금액들을 결합한 여러 입력: 송금자가 여러 번의 이전 거래에서 받은 비트코인 덩어리(UTXO) 여러 개를 모아야 새 수취인이 지불받을 금액이 커버되는 경우의 입력을 말한다. (앞 그림의 '거래0' '거래1'이 이 경우에 해당)

출력은 최대 두 개: 여기서 말하는 두 개의 출력은 수취인이 받는 지불액과 넘치는 금액을 되돌려 받는 잔돈(거스름돈)을 말한다. 그러나 현재 비트코인 네트워크에서 거래되는 방식은 출력이 훨씬 확대되었다. 한 거래에서 동시에 여러 사람에게 송금이 가능해져서 출력 수가 늘어났다. 예를 들어, 한 거래에서 A, B, C 세 사람에게 각기 다른 금액을 동시에 보내고, 남은 잔돈은 다시 자신의 주소로 돌려받는 식으로 구성할 수 있다. 이러한 다중 출력 기능은 거래의 효율성을 높이고, 네트워크의 처리량을 증가시키는 데 기여한다. 또한, 다중 출력을 사용하면 수십, 수백 개의 거래를 한 번의 거래로 지불을 처리할 수 있어 거래 수수료를 절감할 수 있다. 사토시가 여기서 출력이 2개라고 단정한 것은 비트코인의 초기 설계에서 대부분의 거래가 한 명의 수취인에 남은 잔돈은 돌려받는 구조를 상정했던 듯하다.

비트코인 거래내역서

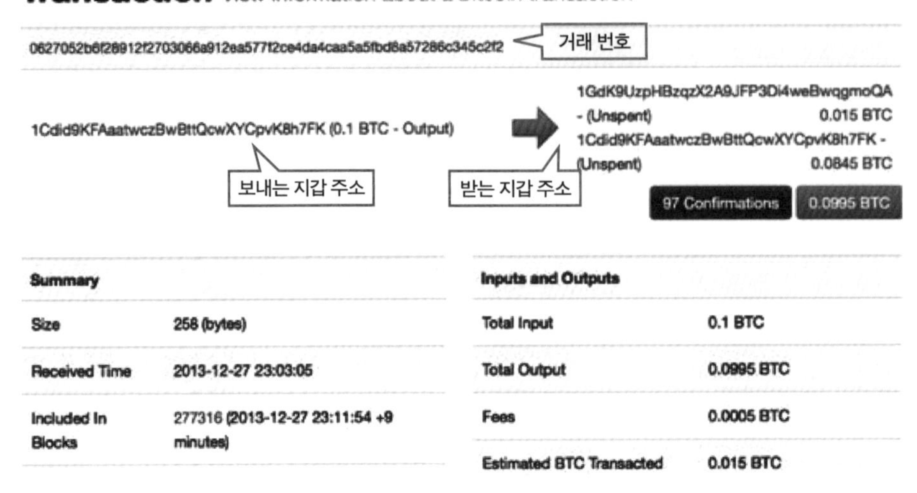

0.1 BTC를 입력값으로 하여 송금하고, 거래 상대 수취인이 출력값으로 0.015 BTC를 받았고, 송금 수수료가 0.0005 BTC 이며, 송금인이 자신의 계좌로 반환 받은 금액이 0.0845 BTC이다.

비트코인을 누군가에게 송금할 때

0.1 BTC를 입력값으로 하여 송금하고, 거래 상대 수취인이 출력값으로 0.015 BTC를 받았고, 송금 수수료가 0.0005 BTC이며, 송금인이 자신의 계좌로 반환 받은 금액이 0.0845 BTC이다.

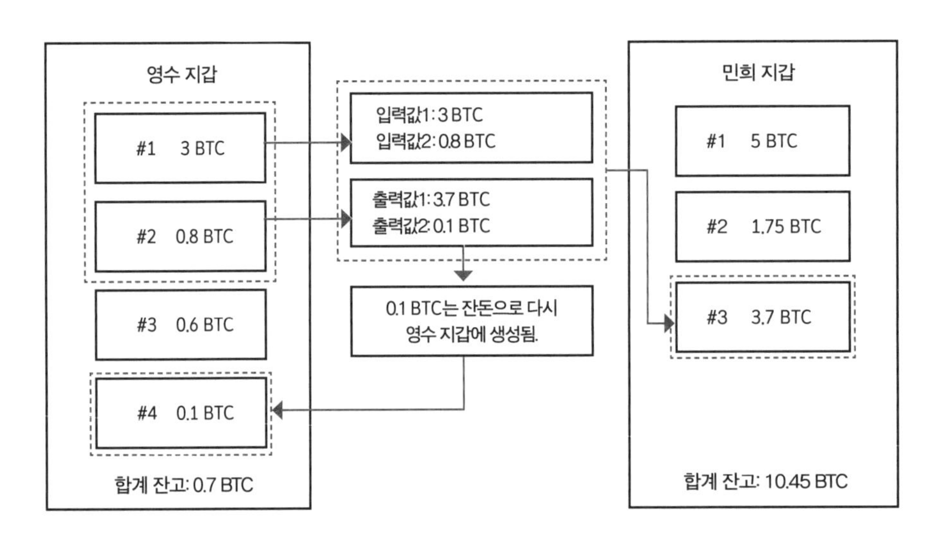

하나는 지불을 위한 것이고, 다른 하나는 만약 있다면 송금인에게 되돌려지는 거스름돈(잔액)이다: 비트코인 거래는 보통 두 가지 성격의 출력으로 이루어진다. 하나는 거래 상대에게 송금되는 지불액이고, 다른 하나는 남는 잔액을 되돌려 받는 거스름돈이다. 실제 거래에서 거스름돈은 수취인에게 보내졌다가 돌려받는 것이 아니라, 송금 후 남은 금액이 자동으로 자신(송금자)의 지갑에 새롭게 생성되는 것이다.

팬아웃(fan-out) 현상: 비트코인 거래에서 한 트랜잭션이 다수의 다른 트랜잭션에 영향을 미치는 구조를 가리킨다. 즉, 하나의 거래 입력이 여러 개의 출력으로 분산되며, 이러한 출력들이 다시 각각 다른 여러 개의 거래에 입력으로 사용되는 현상을 말한다. 예를 들어, A가 비트코인 10 BTC를 보유하고 있다고 가정하자. A는 3명의 친구 B, C, D에게 각각 2 BTC를 보내고, 자신에게 남은 4 BTC를 다시 자신의 주소로 돌려받는다. 이 거래에서 A의 트랜잭션은 4개의 출력을 가지게 된다. B, C, D는 각각 2 BTC를 받은 후, 이 금액을 다시 다른 여러 사람에게 보내거나, 여러 개의 트랜잭션에 사용하게 된다. 이렇게 복잡하게 분화하고 확산되는 거래를 팬아웃 현상이라고 한다. 팬아웃 현상은 여러 분야에서 시스템의 복잡성과 유연성을 높이는 중요한 개념이다. 이는 흔히 관리와 유지보수의 어려움을 수반할 수 있다.

거래 기록의 완전한 독립적인 사본을 추출할 필요는 전혀 없다: '완전한 독립적인 사본'은 특정 거래의 전체 기록을 말한다. 이 사본에는 해당 거래가 발생한 모든 과거의 거래 정보가 포함된다. 비트코인 네트워크는 전체 블록체인을 다운로드하지 않고도 거래를 검증할 수 있다. 블록체인이 모든 거래 내역을 포함하고 있으므로, 필요한 정보만을 머클 트리를 통해 추출하여 거래를 검증할 수 있다. 블록체인 자체가 거래 내역을 포함하고 있는 '공유 사본' 역할을 한다.

UTXO 개념설명: 비트코인의 지불 시스템은 독특한 UTXO (Unspent Transaction Output, 미사용 거래 출력) 개념을 사용한다. 비트코인에서 사용되는 코인은 물리적 현금과는 매우 다른 특징 한 가지를 가지고 있다. 바로 일회용이라는 점. 가령 A가 B에게 1 Bitcoin을 지불하면, A가 가지고 있던 코인이 B에게 이동하는 것이 아니라 A의 코인이 '사용됨' 처리되고, 신규로 B 소유의 새로운 1 Bitcoin 코인이 생성되는 식이다. 따라서 모든 지불 거래에서 사용되는 코인은 태어나서 한 번도 사용된 적 없는 코인이어야 한다. 사용된 적 없는 코인을 미사용 거래 출력, 즉 UTXO 라 부른다.

비트코인 사용자는 거래를 할 때 자신이 보유한 하나 이상의 UTXO를 사용해야 한다. UTXO는 모두 이전 거래에서 받은 비트코인 덩어리이다. 각각의 UTXO는 합쳐지지 않고 지갑에 독립적으로 보관된다. 예를 들어, 사용자가 0.7 BTC와 1.2 BTC를 각각 다른 사람에게서 받았다면, 지갑에는 0.7 BTC와 1.2 BTC 두 개의 UTXO가 그대로 보관된다.

UTXO는 지갑 내에서 직접 합쳐지거나 나눌 수 없고 오직 거래를 통해서만 합쳐지거나 나누어질 수 있다. 지불에 필요한 총 금액을 맞추기 위해 여러 UTXO를 조합하여 거래할 수 있다. 예를 들어, 1.5 BTC의 UTXO를 가지고 있고 1 BTC를 지불해야 하는 경우, 1.5 BTC UTXO 전체를 사용하고 0.5 BTC의 잔돈을 새로운 UTXO로 생성하여 돌려받는다. 물론 이 과정에서 진짜로 상대에게 덩어리 전체를 보내고 일부를 돌려받는 것은 아니다. 내가 나의 주소로 잔돈 출력을 설정하는 것이기 때문에, 엄밀히 말해 내가 내 지갑에 잔돈 UTXO를 생성시키는 것이다. 이 과정에서 거래 수수료가 발생하므로 실제로 돌려받는 잔돈은 0.5 BTC보다 적을 수 있다.

또 다른 거래의 예로, 나의 지갑에 1.5 BTC, 2.2 BTC, 1.3 BTC의 UTXO가 있고 총 5 BTC이며, 4.5 BTC를 다른 사람에게 보내야 한다고 가정하자. 이때 거래 수수료가 0.001 BTC 발생한다면, 거래 구성은 다음과 같다.

- 입력(3개): 1.5 BTC + 2.2 BTC + 1.3 BTC (= 5 BTC)
- 출력 1: 수취인에게 4.5 BTC
- 출력 2: 나에게 0.499 BTC (잔돈 - 수수료)

이 과정을 통해 비트코인 네트워크에서 나(송금인)는 3개의 입력과 2개의 출력을 설정하여 송금을 완료하였고, 새로운 UTXO 4.5 BTC와 0.499 BTC가 생성되었다. 이렇게 하면 잔돈을 별도로 처리하는 번거로움이 줄어들고, 거래가 효율적으로 처리된다.

비트코인 거래와 UTXO의 생성과 소멸

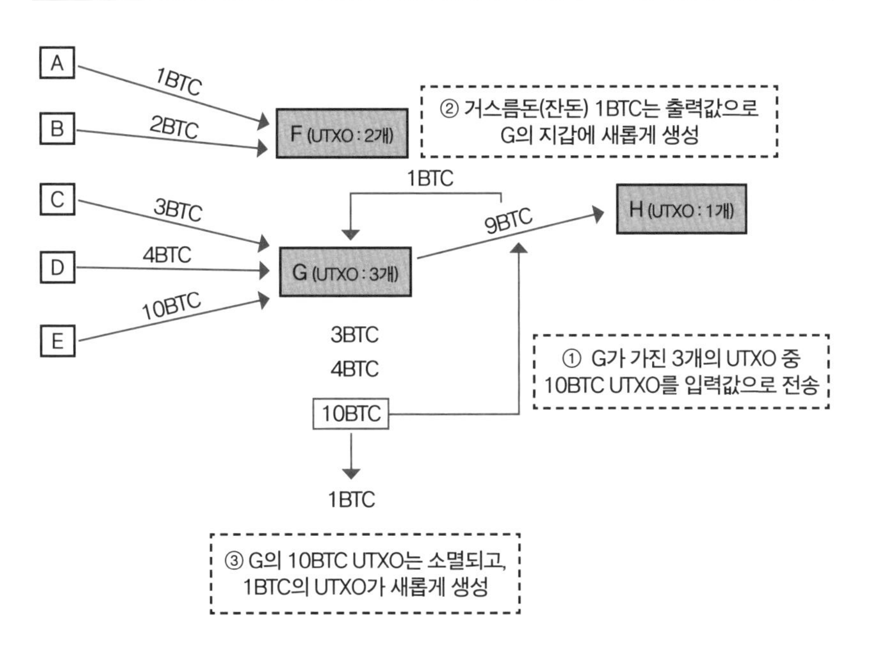

A와 B가 각각의 거래로 F에게 송금하여 F의 지갑에 UTXO 2개(합 3 BTC), 또 C, D, E가 각각 송금 거래로 G의 지갑에 3개의 UTXO(합 17 BTC)가 생성되었다. 그리고 다시 G가 H에게 9 BTC를 송금하려고 10 BTC UTXO를 입력값으로 사용하였다. 이 거래의 출력값은 H에게 가는 9 BTC와 거스름돈(잔돈)으로 G의 지갑에 새롭게 생성되는 1 BTC가 된다. 최종적으로 F, G, H가 가진 UTXO는 종전 5개에서 6개로 늘어났다.

이해하기 쉬운 번역

9. 금액을 합치거나 쪼개기

비트코인에서는 각각의 코인을 한 개씩 따로 보낼 수 있지만, 잔돈을 매번 별도의 거래로 만드는 것은 매우 비효율적이다. 여기서 비효율적이라 함은 각 거래마다 작은 단위 거래를 여러 개 만들어야 해서 시간이 많이 걸리고, 복잡해지며, 수수료가 증가할 수 있다는 뜻이다. 그래서 비트코인은 여러 개의 입력과 출력을 통해 금액을 합치거나 쪼개서 하나의 거래로 구성할 수 있도록 설계되었다. 예를 들어, 입력은 이전 거래에서 받은 더 큰 금액으로 하는 단일 입력이거나, 작은 금액들을 모은 많은 수의 다중 입력일 수 있다. 출력은 보통 두 개로 이루어지는데, 하나는 수취인에게 보내는 지불액이고, 다른 하나는 자신에게 되돌려주는 거스름돈(잔액)이다.

팬아웃 현상은 한 개의 거래가 이전의 여러 거래에 의존하고, 그 이전 거래들도 또 다른 여러 거래에 의존하는 것을 말한다. 비트코인에서는 이런 팬아웃 현상이 문제가 되지 않는다. 왜냐하면 모든 거래가 블록체인이라는 큰 장부에 기록되고, 따로 복사본을 만들 필요 없이 전체 블록체인에서 거래를 관리할 수 있기 때문이다. 비트코인은 머클 트리라는 특별한 구조를 사용해서 거래를 쉽게 확인하고 관리할 수 있다. 머클 트리는 많은 거래들을 하나의 요약본으로 만들어 빠르고 효율적으로 검증할 수 있게 해준다.

10
개인정보 보호

10. Privacy

The traditional banking model achieves a level of privacy by limiting access to information to the parties involved and the trusted third party. The necessity to announce all transactions publicly precludes this method, but privacy can still be maintained by breaking the flow of information in another place: by keeping public keys anonymous. The public can see that someone is sending an amount to someone else, but without information linking the transaction to anyone. This is similar to the level of information released by stock exchanges, where the time and size of individual trades, the "tape", is made public, but without telling who the parties were.

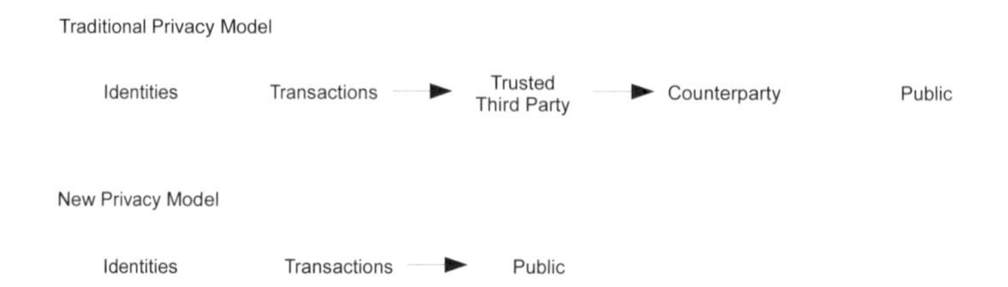

As an additional firewall, a new key pair should be used for each transaction to keep them from being linked to a common owner. Some linking is still unavoidable with multi-input transactions, which necessarily reveal that their inputs were owned by the same owner. The risk is that if the owner of a key is revealed, linking could reveal other transactions that belonged to the same owner.

10. 개인정보 보호

전통적인 은행 모델은 정보 접근권을 거래 당사자와 신뢰받는 제3자로 제한하여 일정 수준의 개인정보 보호를 달성한다. 모든 거래를 공개적으로 알려야 하는 필요성은 이 방법을 불가능하게 하지만, 공개키를 익명으로 유지함으로써 정보 흐름을 다른 지점에서 차단하여 여전히 개인정보 보호가 가능하다. 대중은 누군가가 다른 누군가에게 얼마를 보내는 것을 볼 수 있지만, 그 거래와 어떤 특정인을 연결하는 정보는 없다. 이는 증권거래에서 개별 거래의 시간과 규모를 나타내는 '테이프'를 공개하지만 거래자가 누구누구인지는 알려주지 않는 정보공개 수준과 유사하다.

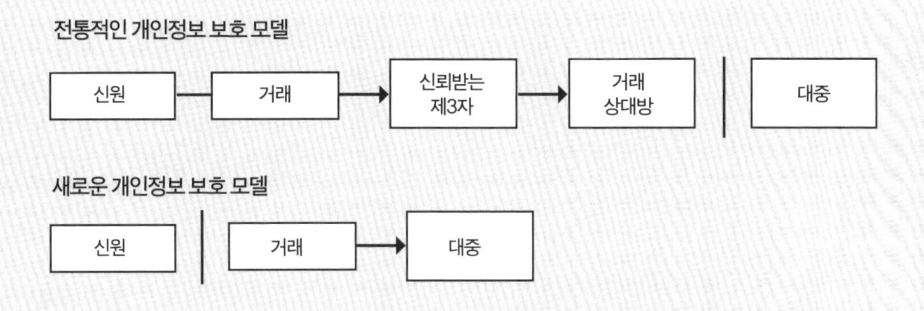

추가적인 방화벽으로, 각 거래마다 새로운 키 쌍을 사용하여 특정 소유자에게 연결되지 않도록 해야 한다. 다중 입력 거래에서는 여전히 어느 정도의 연결이 불가피한데, 이런 거래는 그 입금들이 같은 소유자의 것임이 반드시 드러나기 때문이다. 만약 어떤 키의 소유자가 누구인지 드러나면, 그 연결고리는 같은 소유자에게 속한 다른 거래들까지 노출시킬 위험이 있다.

개념과 원리

모든 거래를 공개적으로 알려야 하는 필요성은 이 방법을 불가능하게 하지만: 비트코인은 모든 거래가 공개 장부에 기록되어 있어서 네트워크에 접속하면 언제든 누구나 볼 수 있다. 이 같은 공개성 때문에 은행 같은 방식은 불가능하다. 즉, 거래 내역을 숨기거나 감출 수 없다.

공개 분산 장부 블록체인

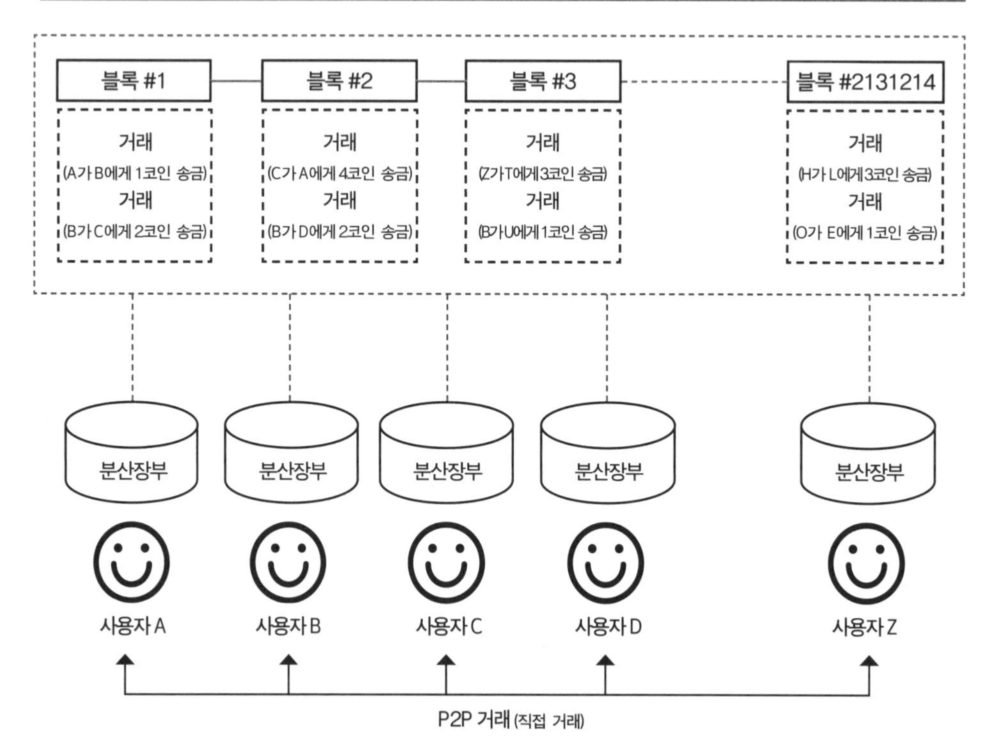

모든 거래 정보가 블록에 수집되어 체인으로 연결된 블록체인에 보관되고,
모든 네트워크 참여자가 언제든 들여다 볼 수 있다.

개인키, 공개키, 주소

비트코인 거래에 사용되는 키 쌍은 개인키와 공개키로 이루어져 있다. 개인키에서 공개키가 생성되고, 공개키를 해시 함수로 변환하여 주소가 만들어진다. 이 주소를 거래 상대에게 알려주어 거래를 한다. 개인키와 공개키는 비트코인 거래의 보안과 무결성을 유지하는 데 중요한 역할을 하지만, 사용자가 이를 직접 보거나 관리하거나 입력할 필요는 없다. 이 모든 과정은 지갑(소프트웨어)이 프로그램의 일부로 자동으로 처리한다. 비트코인 주소는 지갑에서 자동으로 생성되며, 사용자는 이 주소를 상대방에게 제공하기만 하면 된다. 따라서 실제 거래에서 사용자는 주소와 지갑 비밀번호만 신경 쓰면 되고, 나머지는 지갑 소프트웨어가 알아서 처리한다. 개인키와 공개키에 대한 설명은 기술적인 배경을 이해하는 데 도움이 될 뿐, 일상적인 거래에는 사용자가 직접 보거나 다룰 일이 없다.

1. 개인키(Private Key)

개인키는 사용자가 소유한 비밀 키로, 이를 통해 공개키와 주소가 생성된다. 개인키는 일반적으로 16진수로 나타내거나 사용 편의성을 위해 WIF 형식으로 인코딩된다.

16진수 형식
E9873D79C6D87DC0FB6A5778633389FFFFFFFFFFFFFFFFFFFFFF

WIF 형식
5HueCGU8rMjxEXxiPuD5BDu5oXkg43A6Vvb5knu2AYH5uW4i8tG

2. 공개키(Public Key)

공개키는 개인키로부터 생성되며, 공개키는 개인키와 달리 공개적으로 공유될 수도 있다. 공개키는 타원 곡선 디지털 서명 알고리즘으로 생성되며, 비압축형(65바이트)과 압축형(33바이트)이 있다.

비압축형(65바이트)
04BFCAB9FCD6C0EC6C3BCFBC1F4D98A9B9A8AB8A123B13D0B5BC09D2E63B4985B1
39D6CB2F0D8D4DBB2163B5B1C0B7B5B4B1C3D0D3B4B2F3F5D4B1B9B8F8A3B2

압축형(33바이트)
03B0BD634234ABBB1BA1E986E884185C22B92491B9E6F44F4EE8612780E329E967

3. 지갑 주소

지갑 주소는 공개키를 해시하여 생성되며, 비트코인을 받을 때 사용된다. 주소는 공개적으로 공유될 수 있으며, 송금자가 이 주소로 비트코인을 보낸다. 지갑 주소는 Base58Check 형식이나 Bech32 형식(세그윗)으로 인코딩되어 표현된다. 이 주소는 거래할 때마다 지갑이 자동으로 새로운 주소를 생성하여 보안을 유지한다. 한 주소로 여러 번 거래를 하면 주소 소유자의 연결성이 높아져 신원이 노출될 우려가 있기 때문이다.

Base58Check **형식**
1A1zP1eP5QGefi2DMPTfTL5SLmv7DivfNa

Bech32 **형식** (세그윗 주소)
bc1qar0srrr7xfkvy5l643lydnw9re59gtzzwf0env

테이프: 증권 거래에서 각 거래의 시간과 규모를 기록하고 공개하는 정보 시스템을 말한다. 이 시스템은 거래소에서 이루어진 거래 데이터를 실시간으로 제공하며, 시장 참가자들이 거래 상황을 파악할 수 있도록 돕는다. 그러나 테이프에는 거래자가 누구인지는 포함되지 않는다. 이는 거래의 투명성을 제공하면서도 거래자의 개인정보를 보호하는 방식으로, 비트코인의 블록체인과 유사한 정보 공개 수준을 나타낸다.

각 거래마다 새로운 키 쌍을 사용하여 특정 소유자에게 연결되지 않도록 해야 한다: 동일한 키 쌍에서 생성된 주소를 반복적으로 사용하면, 블록체인 상에서 그 주소에 대한 모든 거래 내역을 추적할 수 있다. 이는 해당 주소의 소유자가 누구인지 식별할 수 있는 단서가 된다. 거래할 때마다 새로운 키 쌍을 사용하면(다른 주소를 사용하면), 거래들이 동일 소유자의 것임을 추적하기 어렵게 된다. 대다수 지갑 소프트웨어, 특히 HD(Hierarchical Deterministic) 지갑은 새로운 키 쌍과 주소 생성을 자동으로 수행한다. HD 지갑은 하나의 '마스터 시드 문구'에서 무한대의 개인키와 공개키를 파생할 수 있도록 설계되어 있어, 거래마다 새로운 키 쌍을 자동으로 생성해 프라이버시와 보안을 강화한다.

HD 지갑의 키와 주소 생성 구조

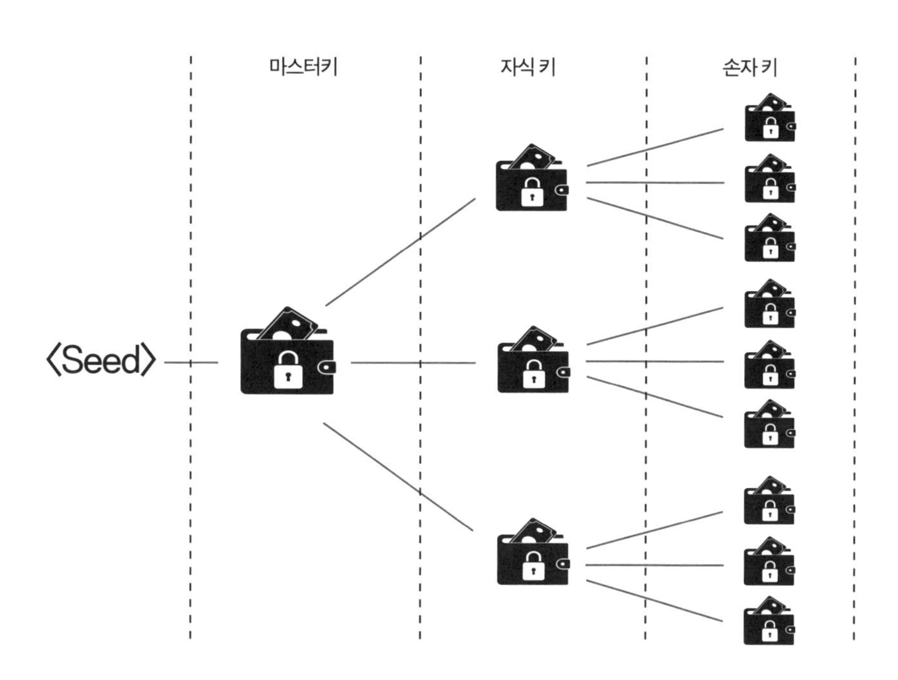

자식에서 손자 증손자 고손자로 계속해서 계층적으로 내려가며 주소를 생성한다.
이러한 구조는 매우 유연하며, 수백만 개의 주소를 안전하게 생성하고 관리할 수 있다.

다중 입력 거래에서는 여전히 어느 정도의 연결이 불가피한데, 이런 거래는 그 입금들이 같은 소유자의 것임이 반드시 드러나기 때문이다: 여러 입력을 포함하는 송금 거래는 그 입력들이 모두 하나의 소유자에게 속한다는 것을 드러낸다. 이것은 소유자의 신원을 추적할 수 있는 연결성을 제공한다. 예를 들어, 본인 소유의 한 지갑에서 여러 다른 주소로 비트코인을 받았다고 가정하자. 만약 이 비트코인들을 어떤 하나의 거래에 모두 입력하여 사용한다면, 이 주소들이 모두 한 지갑에서 나온 것임을 드러내게 된다. 이럴 경우, 지갑 소유자가 특정될 수 있고, 사용자의 다른 활동들까지 추적될 수 있다. 이것을 방지하기 위해서는 거래마다 가능한 한 적은 수의 입력을 사용하는 것이 좋다. 이렇게 하면 주소 사이의 연관성을 최소화하여 사용자의 프라이버시를 더 잘 보호할 수 있다.

여러 주소의 다중 입력 사례

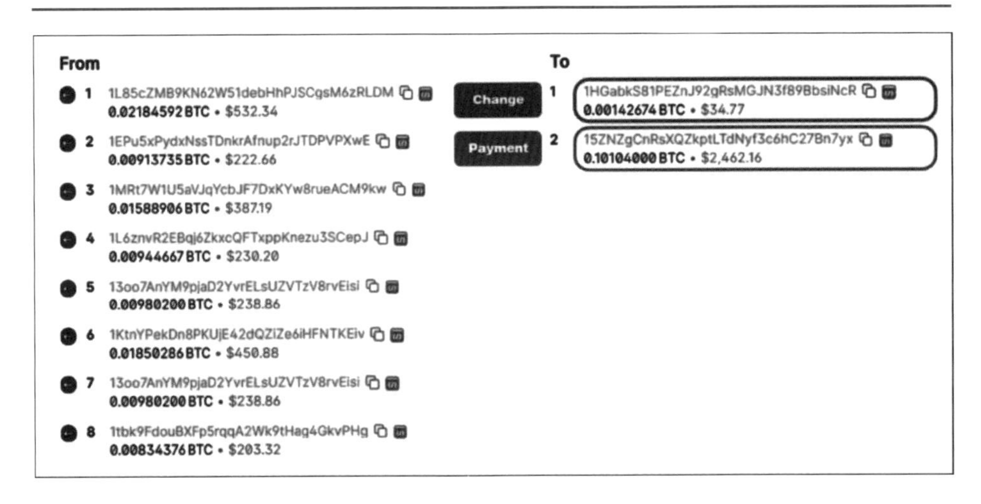

다른 주소의 비트코인을 한 거래에 함께 사용할 경우 이 주소들은 모두 한 사람의 소유자임이 드러난다.
위 경우 5, 7번만 같은 주소이고 나머지는 다 다른 주소이다.

이해하기 쉬운 번역

10. 개인정보 보호

전통적인 은행 시스템에서는 거래를 하는 사람과 은행만이 거래 정보를 볼 수 있어 개인정보가 보호된다. 하지만 비트코인은 모든 거래 내역이 공개되어야 하기 때문에 같은 방법을 쓸 수 없다. 대신 비트코인은 공개키와 주소를 익명으로 유지해 개인정보를 보호한다. 비트코인 네트워크에서 사람들은 어떤 주소가 언제 어디로 얼마를 보냈는지는 볼 수 있지만, 그 주소가 누구의 것인지는 알 수 없다. 이는 주식시장에서 거래 시간과 금액은 공개되지만, 거래자가 누구와 누구인지는 공개되지 않는 방식과 비슷하다.

추가적인 보안 대책으로, 거래할 때마다 새로운 키 쌍과 새로운 주소를 생성하여 사용하면 신원이 드러나는 것을 어느 정도 막을 수 있다. 실제로는 거래할 때마다 지갑에서(지갑 소프트웨어가) 자동으로 새로운 주소를 생성하여주기 때문에 사용자가 별도로 신경 쓸 일은 아니다. 그러나 여러 개의 주소와 여러 개의 입력이 있는 다중 입력 거래에서는 그 입력들이 모두 같은 소유자임이 드러나기 때문에 소유자를 특정할 수 있는 연결을 피하기 어렵다. 만약 어떤 주소의 소유자가 누구인지 밝혀지면, 그 소유자에게 속한 다른 거래들도 드러날 위험이 있다. 이러한 상황을 방지하기 위해서는 각 거래마다 가능한 한 적은 수의 입력을 사용하고, 각 입력이 독립적인 주소에서 오도록 관리하는 것이 좋다. 이렇게 하면 주소 사이의 연관성을 최소화하여 사용자의 프라이버시를 더 잘 보호할 수 있다.

지갑의 종류와 사용법

비트코인을 보관하는 지갑은 '은행 계좌' 같은 것이다. 지갑 주소(공개키, Public Key)와 비밀번호(개인키, Private Key)로 구성되어 있다. 공개키는 은행 계좌번호처럼 다른 사람들이 비트코인을 송금할 수 있도록 공개해도 되지만, 개인키는 오직 지갑 소유자 본인만 알고 있어야 한다. (개인키: 은행 계좌 비밀번호와는 다르다. 개인이 임의로 만드는 것이 아니라 지갑 생성 시 주소와 함께 생성되는 고유한 암호 키이다.)

지갑은 크게 핫 월렛과 콜드 월렛으로 구분한다. 인터넷에 연결되어 있으면 핫 월렛, 인터넷 연결이 없으면 콜드 월렛이다. 오프라인에서 비트코인을 저장하는 하드웨어 지갑이나 종이 지갑이 콜드 월렛이다. 핫 월렛은 온라인으로 수시로 입출금이 가능해 일상적인 거래에 편리하고, 콜드 월렛은 해킹의 위험 없이 안전하게 보관할 수 있다는 장점이 있다. 지갑을 사용하려면 지갑 앱을 설치하고, 비트코인 주소를 생성한 후, 그 주소를 통해 비트코인을 송금하거나 수취하면 된다.

지갑의 사용 방법은 지갑마다 차이가 있지만, 공통적으로 시드 문구(Seed Phrase, 복구 문구)를 안전하게 보관하는 것이 가장 중요하다. 시드 문구는 12개, 혹은 24개의 영어 단어의 조합이다. 지갑을 생성할 때 제공되는 시드 문구는 지갑을 복구할 때 꼭 필요하다. 다시 강조하건대, 다른 것 다 잃어버려도 '시드 문구'만은 꼭 종이에 써서(혹은 쇠나 돌에 새겨서) 자신만이 아는 곳에 보관하여야 한다. 이것만 챙기면 잃어버린 지갑도 복구할 수 있고, 입출금에 사용하는 비밀번호도 복구 가능하다.

① 하드웨어 지갑

Ledger Nano S, Ledger Nano X, Trezor Model T, KeepKey

② 소프트웨어 지갑

Exodus, Electrum, Bitcoin Core

③ 휴대폰 지갑

Mycelium, Trust Wallet, Coinomi

④ PC 지갑

Blockchain.info, Coinbase Wallet, MetaMask

⑤ 종이 지갑

BitAddress, BitcoinPaperWallet

<지갑 사용법>

여기서는 모바일 지갑과 웹 지갑 사용법만 간략히 다뤄본다.

① 지갑 앱 설치

- 휴대폰 지갑: 스마트폰 앱 스토어에서 '비트코인 지갑'을 검색하고, Trust Wallet, Mycelium, Blockchain Wallet 중에서 하나를 선택해 설치한다.
- 소프트웨어 지갑: 공식 웹사이트에서 소프트웨어 지갑(예: Electrum, Exodus)을 다운로드하고, 컴퓨터에 설치한다.

② 지갑 설정

- 앱을 실행하고, '새 지갑 만들기(Create New Wallet)'를 선택.
- 강력한 비밀번호를 설정한다. 비밀번호는 잊지 않도록 안전한 곳에 기록해 둔다.

③ 비트코인 주소 생성

- 지갑 앱이 자동으로 비트코인 주소를 생성해준다. 이 주소는 비트코인을 받을 때 사용하는 고유한 식별자이다.(공개키)
- 주소는 1YoURbEATcoiN99MYWaLLetiDaDdRess72와 같이 26~35자리의 영문 대소문자와 숫자의 조합이며 1 또는 3으로 시작한다. 단, 아라비아 숫자와 헷갈릴 수 있는 문자인 0, I, O, l(숫자 영, 대문자 아이, 대문자 오, 소문자 엘)은 쓰지 않는다.
- 비트코인 송금에 필요한 개인키(private key)는 비밀번호이다. 송금 시 지갑이 자동으로 처리해주므로 직접 입력하거나 관리하는 것은 아니다. 영문 대소문자와 숫자 51자로 구성된다.
- '받기(Receive)' 버튼을 눌러 생성된 비트코인 주소를 확인한다. 이 주소는 QR 코드와 함께 표시될 수도 있다.

④ 비트코인 받기

- 다른 사람에게 비트코인을 받을 때, 생성된 비트코인 주소를 알려주거나 QR 코드를 보여주면 된다.
- 보내는 사람이 이 주소로 비트코인을 송금하면, 네트워크 확인 후 지갑에 비트코인이 도착한다. 송금은 몇 분에서 한 시간 정도 소요될 수 있다.

⑤ 비트코인 보내기

- 지갑 앱에서 '보내기(Send)' 버튼을 누른다.
- 비트코인을 보낼 주소(수취인의 비트코인 주소)를 입력하거나 QR 코드를 스캔한다. 주소가 길어서 입력 시 헛갈릴 수 있으므로 주로 복사붙이기를 하거나 QR코드를 사용한다.
- 송금할 비트코인 양을 입력한다. (수수료를 포함한 총 송금액을 확인한다)
- '보내기(Send)' 버튼을 눌러 송금을 완료한다. 네트워크 확인을 거친 후 거래가 완료된다. 이 과정에서 지갑 앱이 자동으로 개인키를 사용해 트랜잭션에 서명하므로 사용자는 개인키를 직접 입력할 필요는 없다.

⑥ 백업 및 보안 설정

- 지갑을 설정한 후에는 반드시 백업을 해두어야 한다. 일반적으로 복구 문구(Seed Phrase)로 12~24개의 단어를 제공받는다. 이 문구는 지갑을 복구할 때 필요하므로 안전한 곳에 잘 기록해둔다. 절대 잃어버리면 안된다.
- 2단계 인증(2FA) 설정을 통해 추가적인 보안을 확보한다.

⑦ 업비트에서 개인 지갑으로 옮기기

- 업비트에서 비트코인을 개인 지갑으로 바로 옮기는 기능은 아직은 지원되지 않는다. 대신 '바이낸스'라는 해외 거래소로 먼저 비트코인을 전송한 뒤 거기에서 개인 지갑으로 옮겨야 한다. 꽤 복잡한 절차와 번거로움이 따른다. (포털 검색 활용)
- 업비트에서 바이낸스로 비트코인 전송 시 0.009 BTC의 출금 수수료가 발생한다.
- 부담스러운 수수료와 이동 절차의 번거로움 때문에 소액의 경우 거래소에 비트코인을 그대로 두는 경우가 대부분이다.
- 0.5 BTC 이상의 보유자라면 수고스럽고 비용을 감수하고라도 바이낸스를 통해 개인 지갑으로 옮겨 보관하는 것이 추천된다.

다양한 종류의 지갑들

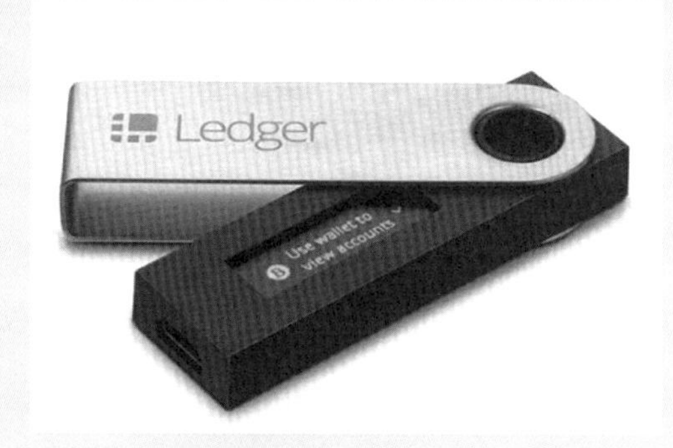

하드웨어 지갑 '레저 나노'.

하드웨어 지갑 '트레저 모델 T'

비트코인 종이 지갑. 해킹으로부터 안전하지만 훼손이나 분실 우려가 있다.

11
계산

11. Calculations

We consider the scenario of an attacker trying to generate an alternate chain faster than the honest chain. Even if this is accomplished, it does not throw the system open to arbitrary changes, such as creating value out of thin air or taking money that never belonged to the attacker. Nodes are not going to accept an invalid transaction as payment, and honest nodes will never accept a block containing them. An attacker can only try to change one of his own transactions to take back money he recently spent.

The race between the honest chain and an attacker chain can be characterized as a Binomial Random Walk. The success event is the honest chain being extended by one block, increasing its lead by +1, and the failure event is the attacker's chain being extended by one block, reducing the gap by -1.

The probability of an attacker catching up from a given deficit is analogous to a Gambler's Ruin problem. Suppose a gambler with unlimited credit starts at a deficit and plays potentially an infinite number of trials to try to reach breakeven. We can calculate the probability he ever reaches breakeven, or that an attacker ever catches up with the honest chain, as follows [8]:

p = probability an honest node finds the next block
q = probability the attacker finds the next block
q_z = probability the attacker will ever catch up from z blocks behind

$$q_z = \begin{Bmatrix} 1 & \text{if } p \leq q \\ (q/p)^z & \text{if } p > q \end{Bmatrix}$$

Given our assumption that $p > q$, the probability drops exponentially as the number of blocks the attacker has to catch up with increases. With the odds against him, if he doesn't make a lucky lunge forward early on, his chances become vanishingly small as he falls further behind.

We now consider how long the recipient of a new transaction needs to wait before being sufficiently certain the sender can't change the transaction. We assume the sender is an attacker who wants to make the recipient believe he paid him for a while, then switch it to pay back to himself after some time has passed. The receiver will be alerted when that happens, but the sender hopes it will be too late.

The receiver generates a new key pair and gives the public key to the sender shortly before signing. This prevents the sender from preparing a chain of blocks ahead of time by working on it continuously until he is lucky enough to get far enough ahead, then executing the transaction at that moment. Once the transaction is sent, the dishonest sender starts working in secret on a parallel chain containing an alternate version of his transaction.

The recipient waits until the transaction has been added to a block and z blocks have been linked after it. He doesn't know the exact amount of progress the attacker has made, but assuming the honest blocks took the average expected time per block, the attacker's potential progress will be a Poisson distribution with expected value:

$$\lambda = z\frac{q}{p}$$

To get the probability the attacker could still catch up now, we multiply the Poisson density for each amount of progress he could have made by the probability he could catch up from that point:

$$\sum_{k=0}^{\infty} \frac{\lambda^k e^{-\lambda}}{k!} \cdot \begin{Bmatrix} (q/p)^{(z-k)} & \text{if } k \leq z \\ 1 & \text{if } k > z \end{Bmatrix}$$

Rearranging to avoid summing the infinite tail of the distribution...

$$1-\sum_{k=0}^{z}\frac{\lambda^{k}e^{-\lambda}}{k!}\left(1-(q/p)^{(z-k)}\right)$$

Converting to C code...

```
#include <math.h>
double AttackerSuccessProbability(double q, int z)
{
    double p = 1.0 - q;
    double lambda = z * (q / p);
    double sum = 1.0;
    int i, k;
    for (k = 0; k <= z; k++)
    {
        double poisson = exp(-lambda);
        for (i = 1; i <= k; i++)
            poisson *= lambda / i;
        sum -= poisson * (1 - pow(q / p, z - k));
    }
    return sum;
}
```

Running some results, we can see the probability drop off exponentially with z.

```
q=0.1
z=0     P=1.0000000
z=1     P=0.2045873
z=2     P=0.0509779
z=3     P=0.0131722
z=4     P=0.0034552
z=5     P=0.0009137
z=6     P=0.0002428
z=7     P=0.0000647
z=8     P=0.0000173
z=9     P=0.0000046
z=10    P=0.0000012

q=0.3
z=0     P=1.0000000
z=5     P=0.1773523
z=10    P=0.0416605
z=15    P=0.0101008
z=20    P=0.0024804
z=25    P=0.0006132
z=30    P=0.0001522
z=35    P=0.0000379
z=40    P=0.0000095
z=45    P=0.0000024
z=50    P=0.0000006
```

Solving for P less than 0.1%...

```
P < 0.001
q=0.10   z=5
q=0.15   z=8
q=0.20   z=11
q=0.25   z=15
q=0.30   z=24
q=0.35   z=41
q=0.40   z=89
q=0.45   z=340
```

11. 계산

공격자가 정직한 체인보다 더 빠르게 곁가지 체인을 생성하려는 시나리오를 고려해보자. 심지어 이런 시도가 실현된다고 하더라도, 이것이 없던 금액을 만들어낸다든지 공격자에게 속하지 않은 돈을 가져가는 것처럼 시스템을 임의로 변경하는 지경까지는 가지 않는다. 노드들은 유효하지 않은 거래를 지불로 받아들이지 않을 것이고, 정직한 노드들은 그러한 거래가 포함된 블록을 절대로 받아들이지 않을 것이다. 공격자는 오로지 최근에 지출한 돈을 회수하기 위해 자신의 거래 중 하나를 변경하는 것만 시도해볼 수 있다.

정직한 체인과 공격자 체인 사이의 경주는 이항 랜덤 워크로 설명될 수 있다. 성공 이벤트는 정직한 체인이 한 블록 늘어나 1만큼 리드를 벌리는 것이고, 실패 이벤트는 공격자의 체인이 한 블록 늘어나 간격이 1만큼 줄어드는 것이다.

공격자가 주어진 열세로부터 따라잡을 확률은 '도박꾼의 파산 문제'와 유사하다. 무제한의 신용도를 가진 도박꾼이 손실 상태에서 시작하여 이론적으로 무한한 횟수의 시도를 통해 본전을 회복하려는 상황을 가정해보자. 우리는 그가 언젠가 손실을 회복하거나, 공격자가 정직한 체인을 따라잡을 확률을 다음과 같이 계산할 수 있다.

p = 정직한 노드가 다음 블록을 찾을 확률

q = 공격자가 다음 블록을 찾을 확률

q_z = 공격자가 z블록만큼 뒤처진 상태에서 언젠가는 따라잡을 확률

$$q_z = \begin{Bmatrix} 1 & if\ p \le q \\ (q/p)^z & if\ p > q \end{Bmatrix}$$

$p>q$라고 가정하였을 때, 공격자가 따라잡아야 할 블록 수가 증가함에 따라 따라잡을 확률은 지수적으로 감소한다. 불리한 확률로 인해 공격자는 초반에 행운의 도약을 하지 못하면 뒤처질수록 그의 가능성은 0에 가까울 정도로 작아진다.

이제, 새로운 거래의 수취인이, 송금인이 그 거래를 변경하지 못할 것으로 충분히 확신할 때까지 얼마나 기다려야 하는지 생각해보자. 여기서 우리는 송금인을 수취인이 자신에게 지불을 받았다고 잠시 동안 믿게 하고, 약간의 시간이 흐른 후 지불한 돈을 되찾고 싶어 하는 공격자라 가정한다. 그런 일이 발생하면 수취인은 (거래 변경) 알림을 받을 것이다, 송금인은 그것이 너무 늦었기를 바랄 테지만.

수취인은 새로운 키 쌍을 생성하여 서명 직전에 공개키를 송금인에게 제공한다. 이렇게 하면 송금인이 미리 블록 연결을 준비할 수 없고, 계속해서 시도하여 운 좋게 충분히 앞서나가는 그 순간에 거래를 실행하는 것을 막을 수 있다. 거래가 전송되고 나면, 부정직한 송금인은 비밀리에 다른 버전의 거래를 포함하는 체인 작업을 병행하기 시작할 것이다.

수취인은 그 거래가 블록에 추가되고 그 뒤에 z개의 블록이 연결될 때까지 기다린다. 그는 공격자가 얼마나 작업을 진척시켰는지 정확히는 모르지만, 정직한 블록이 블록당 평균 예상 시간만큼 걸렸다고 가정할 때, 공격자의 잠재적인 진행 정도는 다음과 같은 기댓값을 갖는 푸아송 분포가 될 것이다.

$$\lambda = z\frac{q}{p}$$

공격자가 여전히 따라잡을 수 있는 확률을 구하기 위해, 그가 이제까지 어느 정도의 진전을 이룰 수 있는지에 대한 푸아송 확률에 해당 시점에서 따라잡을 수 있는 확률을 곱한다.

$$\sum_{k=0}^{\infty} \frac{\lambda^{k} e^{-\lambda}}{k!} \cdot \begin{cases} (q/p)^{(z-k)} & if\ k \le z \\ 1 & if\ k > z \end{cases}$$

분포의 무한 꼬리 합산을 피하도록 정리하고…

$$1-\sum_{k=0}^{z} \frac{\lambda^{k} e^{-\lambda}}{k!}\left(1-(q/p)^{(z-k)}\right)$$

C 언어 코드로 바꾸면…

```
#include <math.h>
double AttackerSuccessProbability (double q, int z)
{
    double p = 1.0 - q;
    double lambda = z  (q / p);
    double sum = 1.0;
    int i;  k;
    for (k = 0; k <= z; k++)
    {
            double poisson = exp(-lambda);
            for (i = 1; i <= k; i++)
                    poisson = lambda / i;
            sum -= poisson  (1 - pow(q / p, z - k));
    }
    return sum;
}
```

어느 정도 결과를 돌려보면, z에 따라 확률이 지수적으로 감소하는 것을 볼 수 있다.

q=0.1

z=0	P=1.0000000
z=1	P=0.2045873
z=2	P=0.0509779
z=3	P=0.0131722
z=4	P=0.0034552
z=5	P=0.0009137
z=6	P=0.0002428
z=7	P=0.0000647
z=8	P=0.0000173
z=9	P=0.0000046
z=10	P=0.0000012

q=0.3

z=0	P=1.0000000
z=5	P=0.1773523
z=10	P=0.0416605
z=15	P=0.0101008
z=20	P=0.0024804
z=25	P=0.0006132
z=30	P=0.0001522
z=35	P=0.0000379
z=40	P=0.0000095
z=45	P=0.0000024
z=50	P=0.0000006

0.1% 미만의 P값을 구해보면…

$P < 0.001$

q=0.10	z=5
q=0.15	z=8
q=0.20	z=11
q=0.25	z=15
q=0.30	z=24
q=0.35	z=41
q=0.40	z=89
q=0.45	z=340

개념과 원리

이항 랜덤 워크: 단계마다 두 가지 가능한 결과 중 하나가 발생하는 무작위 과정이다. 이는 동전 던지기와 유사한 방식으로 작동한다. 각 단계의 결과는 이전 단계의 결과와 독립적이다. 즉, 이전 단계의 결과가 현재 단계의 결과에 영향을 미치지 않는다. 이러한 독립성은 전체 과정의 무작위성을 유지한다. 이 모델은 주식 가격 변동, 입자의 움직임 등 다양한 분야에서 사용된다.

비트코인 네트워크에서 이항 랜덤 워크는 공격자와 정직한 채굴자 간의 경쟁을 설명하는 데 사용될 수 있다. 예를 들어, 정직한 채굴자가 블록을 생성할 확률이 60%이고, 공격자가 블록을 생성할 확률이 40%라고 가정하자. 이 경우, 정직한 체인이 확장될 확률이 더 높기 때문에 시간이 지남에 따라 정직한 체인이 점차 더 길어질 것이다. 이는 공격자가 네트워크 내 컴퓨팅 파워의 51% 이상을 장악하지 않는 한, 채굴 경쟁에서 승리할 가능성이 매우 희박하다는 뜻이다.

조작된 거래가 포함된 블록체인

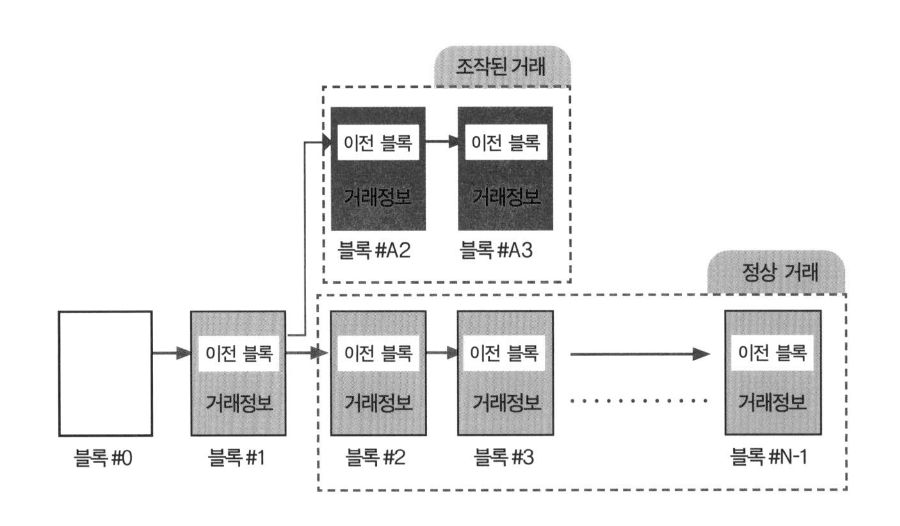

도박꾼의 파산 문제: 확률론에서 중요한 개념으로, 도박꾼이 한정된 자금을 가지고 무한히 도박을 계속할 때, 결국 파산할 확률이 100%라는 것을 의미한다. 이 문제는 도박꾼이 시간이 지남에 따라 결국 모든 자금을 잃게 될 가능성이 높다는 것을 수학적으로 보여준다. 비트코인 네트워크에서 이 문제를 비슷하게 적용할 수 있다. 공격자가 열세인 상황, 즉 공격자의 해시파워가 50% 미만일 때, 정직한 체인을 따라잡으려는 시도는 도박꾼의 파산 문제와 유사하다. 공격자가 각각의 블록을 성공적으로 채굴할 확률이 낮기 때문에, 시간이 지날수록 공격자가 따라잡을 확률은 점점 낮아진다.

도박꾼의 파산

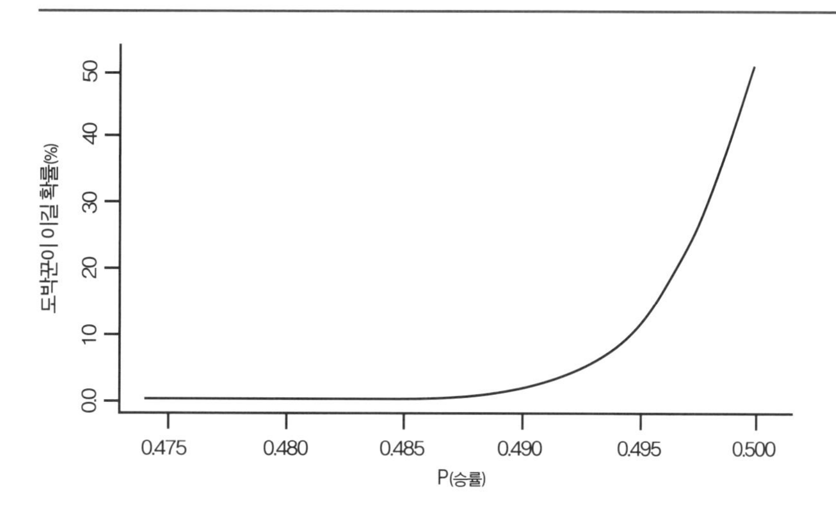

승률(P)이 0.5(50%) 이하의 상황에서 도박꾼이 파산을 면하고 이길 확률은 거의 없다.
승률이 0.5보다 낮을 경우, 0.485 정도에도 도박꾼이 목표에 도달할 확률은 0에 가깝다.

무제한의 신용도를 가진 도박꾼이 손실 상태에서 시작하여 이론적으로 무한한 횟수의 시도를 통해 본전을 회복하려는 상황: 무한대의 돈을 가지고 있다면 이론적으로 언젠가는 성공할 수 있을 것이다. 하지만 현실에서는 무한대의 자원을 가지는 것이 불가능하기 때문에, 이러한 시나리오는 실제로 성립하지 않는다. 이를 통해 비트코인 네트워크의 안전성을 설명할 수 있다. '도박꾼의 파산 문제'와 유사한 이 비유는 공격자가 비트코인 네트워크를 장악하려고 할 때, 무한한 자원을 동원하지 않는 한 성공할 가능성이 매우 낮다는 것을 시사한다.

수취인이, 송금인이 그 거래를 변경하지 못할 것으로 충분히 확신할 때까지 얼마나 기다려야 하는지: 비트코인 네트워크에서 거래가 안전하다고 확신하려면, 그 거래가 포함된 블록 뒤에 6개 정도의 블록이 추가되어야 한다. 블록이 추가되는 것을 '확인'이라고 부른다. 예를 들어, '6번 확인'이라고 하면, 거래가 포함된 블록 이후로 6개의 블록이 더 만들어졌다는 뜻이다. 1개의 블록이 만들어지는 데는 약 10분이 걸린다. 거래가 포함된 블록 뒤에 6개의 새로운 블록이 추가되면, 그 거래는 '6번 확인'된 것이다. 6번 확인까지는 평균적으로 60분이 걸린다. 그럼, 왜 6번 확인이 필요할까? 비트코인 네트워크에서 공격자가 거래를 조작하려면 해당 거래가 포함된 블록과 그 뒤에 추가된 모든 블록을 다시 만들어야 한다. 6개의 블록을 다시 만드는 것은 극도로 어려워서, 이렇게 되면 거래를 조작할 가능성이 거의 없다고 볼 수 있다. 그래서 보통 비트코인 사용자들은 6번 확인이 될 때까지 기다린다. 1시간 정도 기다리면, 거래가 안전하게 완료되었다고 확신할 수 있다.

수취인은 새로운 키 쌍을 생성하여 서명 직전에 공개키를 송금인에게 제공한다: 수취인이 서명 직전에 새로운 키 쌍을 생성하여 공개키를(실제로는 공개키로 생성한 주소) 송금인에게 제공하는 이유는 비트코인 거래의 보안성과 프라이버시를 강화하기 위해서이다. 이 방법은 여러 가지 측면에서 유리하다. 첫째, 공개키가 외부에 노출되는 시간을 최소화함으로써, 중간에 키를 가로채거나 악용하려는 시도로부터 보호할 수 있다. 공개키가 노출되는 시간을 줄이면, 혹시 모를 공격자의 공격 기회를 그만큼 감소시킨다. 둘째, 거래가 발생할 때마다 새로운 키 쌍을 생성하면, 그때그때 최신의 보안 상태를 유지할 수 있다. 키를 오래 사용하면서 발생할 수 있는 잠재적 보안 취약점을 예방할 수 있다. 마지막으로, 각 거래마다 새로운 키 쌍을 사용하면, 동일한 주소나 키에 여러 거래가 쌓이지 않게 된다. 이것은 사용자의 금융 활동을 추적하거나 분석하는 것을 어렵게 만들며, 프라이버시를 더 잘 보호할 수 있다.

공개키: 일반적인 비트코인 거래에서 수취인이 송금인에게 자신의 '주소'를 제공하고, 송금인은 이 주소로 비트코인을 보낸다. 이것이 보안에도 거래의 편리성에도 유리하다. 그런데, 비트코인 백서에서 '공개키 제공'을 언급한 것은 초기 프로토콜 설계의 일부로 주소 체계가 아직 완전히 정립되기 전이기 때문이다. 이후 비트코인의 발전과 함께 주소 체계가 보다 정교하게 개발되어 현재는 주소를 사용하는 것이 표준 방식이 되었다. 이러한 발전은 비트코인의 사용성과 보안을 동시에 증진시키는 결과를 가져왔다.

블록당 평균 예상 시간: 네트워크에서 새로운 블록이 생성되는 데 걸리는 평균 시간. 약 10분이다. 비트코인 네트워크는 약 2주마다(2016개의 블록마다) 난이도를 조정한다. 이 조정은 지난 2주 동안의 평균 블록 생성 시간이 10분에 맞춰지도록 난이도를 높이거나 낮추는 과정이다. 네트워크의 해시파워는 참여하는 채굴자들의 컴퓨팅 파워 합계를 의미한다. 해시파워가 증가하면 블록을 찾는 속도가 빨라지기 때문에 난이도를 높여야 한다. 실제로 2009년 비트코인 초창기에 비해 최근의 해시파워는 수억 수조 배 이상 증가했다. 이 큰 변화는 네트워크의 보안 강화, 채굴 장비의 발전, 비트코인의 가치 상승에 따른 채굴자들의 참여 확대가 주요 원인이다. 지금의 채굴 난이도는 초기에 비해 엄청나게 높아졌음을 짐작할 수 있다.

푸아송 분포: 일정한 시간이나 공간에서 사건이 얼마나 자주 발생하는지를 예측하는 데 사용되는 이산 확률 분포다. 사건 발생의 평균 빈도가 일정할 때, 주어진 기간

푸아송 분포

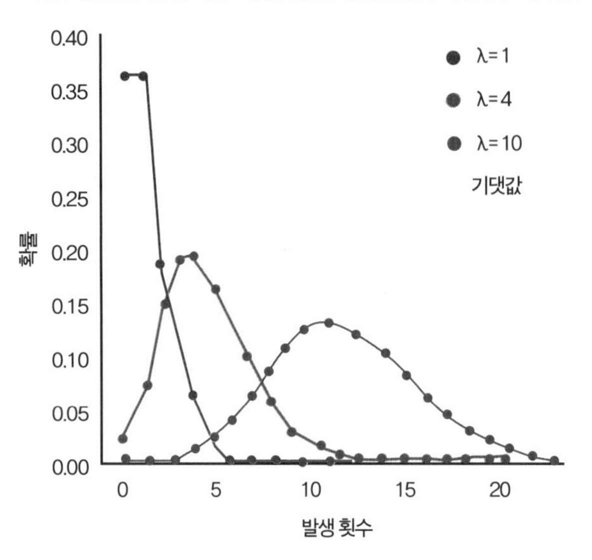

비트코인에서 블록의 생성 확률은 푸아송 분포로 나타낼 수 있다.

내에 사건이 몇 번 일어날지를 모델링하는 데 유용하다. 비트코인 네트워크에서 푸아송 분포는 블록 생성 시간 예측에 적용된다. 비트코인은 평균적으로 10분마다 새로운 블록이 생성되도록 설계되어 있으며, 각 블록 생성은 독립적으로 발생한다. 따라서 이 분포를 통해 특정 시간 내에 블록이 몇 개 생성될지를 예측할 수 있다.

분포의 무한 꼬리 합산을 피하도록 정리하고: 실용적인 계산을 위해 극단적으로 낮은 확률을 가진 사건들을 생략하는 것. 푸아송 분포에서는 사건이 매우 드물게 발생하는 상황에 대한 확률도 계산할 수 있다. 그러나 계산을 효율적으로 하기 위해서는 무한히 많은 드문 사건을 모두 합산할 필요는 없다. 예를 들어, 평균 10분마다 블록이 생성되는 비트코인 네트워크에서 블록 생성 시간이 극히 드물게 1시간 이상 걸릴 수도 있다. 그러나 그럴 확률은 지극히 낮기 때문에, 실용적인 계산에서 이 확률은 생략할 수 있다.

q=0.1, z=2, P=0.0509779: 공격자가 정직한 채굴자를 따라잡을 확률을 계산할 때, q, z, P의 값은 다음과 같은 의미를 가진다.

q = 0.1. 공격자가 네트워크에서 개인 또는 어떤 단체가 10%의 해시파워를 차지하

고 있다는 뜻. 즉 공격자가 전체 채굴 능력의 10%를 보유하고 있는 것.
z = 2. 정직한 노드가 채굴한 블록 수와 공격자가 채굴한 블록 수 사이의 차이가 2라는 뜻. 즉, 현재까지 정직한 노드가 채굴한 블록 수가 공격자의 블록보다 2개 앞선 상태.
P = 0.0509779. 공격자가 정직한 채굴자를 따라잡을 확률이 5% 남짓이라는 의미.

현실에서 비트코인 네트워크에서 개인 또는 어떤 단체가 10%의 해시파워를 갖는 것은 불가능은 아니지만, 매우 어려운 일이다. 2024년 기준으로, 비트코인 네트워크의 해시파워는 초당 수십에서 수백 엑사해시(EH/s)에 달한다. 여기에서 10%를 차지하려면 어마어마한 규모의 채굴 장비를 확보해야 한다. 채굴 장비는 매우 비싸며, 10%의 해시파워를 확보하기 위해서는 수십억 달러에 달하는 투자가 필요할 것이다.

$P < 0.001$, $q=0.10$, $z=5$: 공격자가 네트워크 해시파워의 10%를 가지고 있을 때, 5개의 블록을 따라잡을 확률이 0.1% 미만임을 나타낸다. 이는 비트코인 네트워크의 보안성이 견고해서 공격자가 해시파워의 51% 이상을 확보하지 않는 한 성공할 가능성이 매우 낮다는 것을 보여준다.

이해하기 쉬운 번역

11. 계산

공격자가 정직한 체인보다 더 빨리 곁가지 체인을 만드는 상황을 생각해보자. 공격자가 성공한다고 하더라도, 없던 비트코인을 새로 만들어 내거나 남의 코인을 훔쳐가는 것은 불가능하다. 네트워크의 모든 컴퓨터들은 유효하지 않은 거래를 받아들이지 않고, 정직한 컴퓨터들은 그런 거래가 포함된 블록을 인정하지 않을 것이기 때문이다. 공격자는 자신이 이미 송금한 비트코인을 되찾기 위해 거래를 바꾸려고 시도할 수 있을 뿐이다.

정직한 체인과 공격자 체인 사이의 경쟁은 '이항 랜덤 워크'라는 개념으로 설명할 수 있다. 정직한 체인이 한 블록을 더 늘려서 차이를 벌리는 것을 성공으로 정의하고, 공격자 체인이 한 블록을 더 늘려서 차이를 좁히는 것을 실패로 정의할 수 있다.

공격자가 컴퓨팅 파워에서 밀리는 상황에서 정직한 체인을 따라잡을 확률은 '도박꾼의 파산 문제'와 비슷하다. 무제한의 돈을 가진 도박꾼이 손실 상태에서 시작해 무한히 많은 시도로 본전을 찾으려는 상황을 가정해보자. 여기서 공격자가 정직한 체인을 따라잡을 확률은 다음과 같이 계산된다.

p = 정직한 컴퓨터가 다음 블록을 찾을 확률

q = 공격자가 다음 블록을 찾을 확률

q_z = 공격자가 z블록만큼 뒤처진 상태에서 따라잡을 확률

p가 q보다 크면, 공격자가 따라잡아야 할 블록 수가 많아질수록 따라잡을 확률은 급격하게 줄어든다. 즉, 초반에 운 좋게 성공하여 치고 나가지 못하면 공격자가 따라잡을 가능성은 없다고 해도 좋을 정도로 작아진다.

이제 새로운 거래의 수취인이 송금인이 그 거래를 변경하지 못할 것이라고 확신하려면 얼마나 기다려야 하는지 생각해보자. (통상 비트코인 네트워크에서 거래가 안전하다고 확신

하려면, 그 거래가 포함된 블록 뒤에 6개 정도의 블록이 추가되어야 한다.) 여기서 송금인은, 수취인이 정상적으로 지불을 받았다고 잠시 믿게 한 후, 약간의 시간이 흐른 후 지불한 돈을 되돌리려고 시도하는 공격자라고 가정하자. 그런 일이 발생하면 수취인은 거래 변경 알림을 받을 것이다. 송금인은 그것이 너무 늦었기를 바랄 테지만.

수취인은 새로운 키 쌍을 생성하여 송금인이 돈을 보내기 직전에 공개키(실제로는 공개키로 생성한 주소)를 송금인에게 제공한다. 이렇게 하면 송금인이 미리 블록을 준비할 수 없고, 계속해서 시도하여 운 좋게 앞서 나가는 순간에 거래를 실행하는 것을 막을 수 있다. 거래를 전송시키자마자 부정직한 송금인은 비밀리에 다른 버전의 거래를 포함하는 체인 작업을 병행하기 시작할 것이다.

수취인은 그 거래가 블록에 추가되고 그 뒤에 z개의 블록이 연결될 때까지 기다린다. 수취인은 공격자가 얼마나 작업을 진척시켰는지 정확히는 모르지만, 정직한 블록이 평균적으로 블록 하나를 만드는 데 10분이 걸린다고 가정할 때, 이 경우 공격자가 따라잡을 수 있는 가능성은 '푸아송 분포'라는 확률 모델로 계산된다.

공격자가 여전히 따라잡을 수 있는 확률을 구하려면, 그가 지금까지 어느 정도 진행했을 가능성이 있는 각 경우에 대해 푸아송 확률을 계산하고, 그 지점에서 따라잡을 수 있는 확률을 곱하면 된다.

분포의 무한 꼬리 합산을 피하기 위해 식을 정리하고…

C 언어 코드로 바꾸면…

어느 정도 결과를 돌려보면, z에 따라 확률이 지수적으로 감소하는 것을 볼 수 있다.

공격자의 성공 확률이 0.1% 미만이 되는 경우를 구해보면…

12
결론

12. Conclusion

We have proposed a system for electronic transactions without relying on trust. We started with the usual framework of coins made from digital signatures, which provides strong control of ownership, but is incomplete without a way to prevent double-spending. To solve this, we proposed a peer-to-peer network using proof-of-work to record a public history of transactions that quickly becomes computationally impractical for an attacker to change if honest nodes control a majority of CPU power. The network is robust in its unstructured simplicity. Nodes work all at once with little coordination. They do not need to be identified, since messages are not routed to any particular place and only need to be delivered on a best effort basis. Nodes can leave and rejoin the network at will, accepting the proof-of-work chain as proof of what happened while they were gone. They vote with their CPU power, expressing their acceptance of valid blocks by working on extending them and rejecting invalid blocks by refusing to work on them. Any needed rules and incentives can be enforced with this consensus mechanism.

12. 결론

우리는 신뢰에 의존하지 않는 전자거래 시스템을 제안하였다. 우리는 강력한 소유권 제어 기능을 제공하는 전자서명으로 만든 기존의(통상의) 코인 프레임워크에서 시작했지만, 이는 이중지불 문제를 방지할 방법 없이는 불완전하다. 이를 해결하기 위해, 우리는 컴퓨팅 파워의 과반수를 정직한 노드가 차지하고 있을 경우 공격자가 변경하기가 계산적으로 빠르게 비현실적이 되는 작업증명을 사용하여 거래내역을 공개 기록하는 P2P 네트워크를 제안하였다. 이 네트워크는 구조화되지 않은 단순함으로 인해 견고하다. 노드들은 서로 간의 조정 없이 모두 동시에 동작한다. 메시지는 특정 위치로 보내져야 하는 것이 아니고 최선의 노력으로 전해지기만 하면 되기 때문에 노드들이 식별되어야 할 필요가 없다. 노드들은 마음대로 네트워크를 떠나거나 다시 참여할 수 있으며, 자신이 없는 동안 발생한 일에 대한 증거로 작업증명 체인을 받아들인다. 노드들은 컴퓨팅 파워로 투표하며, 유효한 블록은 연장하는 작업을 함으로써 블록을 승인했음을 나타내고, 유효하지 않은 블록은 작업을 거부함으로써 반대를 나타낸다. 필요한 모든 규칙과 인센티브는 이 합의 메커니즘으로 시행될 수 있다.

개념과 원리

비트코인 백서에서 '결론'은 비트코인이 분산 네트워크와 작업증명 방식을 통해 이중지불 문제를 해결하고, 제3자 신뢰 없이 암호학적 증거로 거래의 무결성을 보장하는 시스템이라는 점을 강조하고 있다.

강력한 소유권 제어 기능을 제공하는 전자서명으로 만든 기존의(통상의) 코인 프레임워크에서 시작: 여기서 '기존의 코인 프레임워크'는 전자서명 기술을 사용하여 소유권을 증명하는 초기의 디지털 화폐 시스템을 말한다. 아직 블록체인 기술을 사용하지 않아 이중지불 문제를 해결할 수 없었던 시스템이다. 전자서명은 개인키를 사용하여 데이터를 암호화하는 방법이다. 이걸로 특정 디지털 자산의 소유권을 증명할 수 있다. 기존 암호화폐 시스템에서 중요한 요소이다.

네트워크는 구조화되지 않은 단순함으로 인해 견고하다: 비트코인 네트워크는 중앙기관이나 중앙 서버 없이 운영된다. 네트워크는 탈중앙화되어 있고, 특정 구조나 계층에 얽매이지 않는다. 모든 노드는 동등한 권한을 가지며, 특정 노드나 서버가 네트워크를 통제하지 않는다. 이 단순한 구조는 네트워크가 복잡한 규칙이나 절차 없이도 운영될 수 있게 한다. 네트워크에 참여하는 모든 노드는 동일한 프로토콜을 따르며, 동일한 역할을 수행한다. 그리고 구조화되지 않은 단순함 덕분에 네트워크는 특정 노드나 서버의 장애나 공격에 취약하지 않다. 네트워크의 어떤 부분이 손상되거나 중단되더라도 전체 네트워크가 계속해서 정상적으로 작동할 수 있다. 중앙화된 네트워크에 비해 훨씬 더 높은 신뢰성과 내구성을 제공한다.

메시지는 특정 위치로 보내져야 하는 것이 아니고 최선의 노력으로 전해지기만 하면 되기 때문에: 전통적인 중앙화된 네트워크에서는 메시지가 특정 서버나 노드로 정확히 전달되어야 한다. 예를 들어, 전통적인 은행 시스템에서 거래 정보는 중앙 서버로 보내져야 한다. 이 방식은 중앙 서버의 위치나 가용성에 따라 네트워크의 안정성과 효율성이 크게 영향을 받는다. 비트코인 네트워크에서는 메시지(거래 정보)가 특정 위치에 도달할 필요가 없다. 네트워크에 있는 여러 노드로 동시에 브로드캐스트(전파)된다. 이 과정에서 어떤 노드가 메시지를 받지 못하더라도, 다른 많은 노드들이 메시지를 수신하면 전체 네트워크에 해당 메시지가 전달된 것으로 간주한다.

합의 메커니즘: 비트코인 네트워크에서 모든 참여자(노드)가 동일한 상태를 공유하고 동의하는 절차와 방법을 의미한다. 합의 메커니즘은 중앙 권한 없이도 분산된 환경에서 신뢰성을 유지하는 핵심 원리이다. 비트코인에서는 작업증명(PoW) 방식이 합의 메커니즘으로 사용된다. 이 방식에서는 채굴자가 새로운 블록을 생성한 후 네트워크에 알리면, 다른 노드들이 이 블록이 작업증명 기준을 충족하는지 확인한다. 만약 기준을 충족하면, 해당 블록은 블록체인에 추가되고, 채굴자는 보상과 거래 수수료를 받는다. 이 과정에서 모든 노드들이 새로운 블록의 유효성에 동의하고, 네트워크 전체가 동일한 상태를 공유하게 된다. 이 합의 메커니즘 덕분에 비트코인은 중앙 기관 없이도 분산된 환경에서 신뢰할 수 있는 금융 거래를 가능하게 한다.

비트코인 네트워크는 작업증명(Proof of Work) 방식으로 합의를 도출한다.

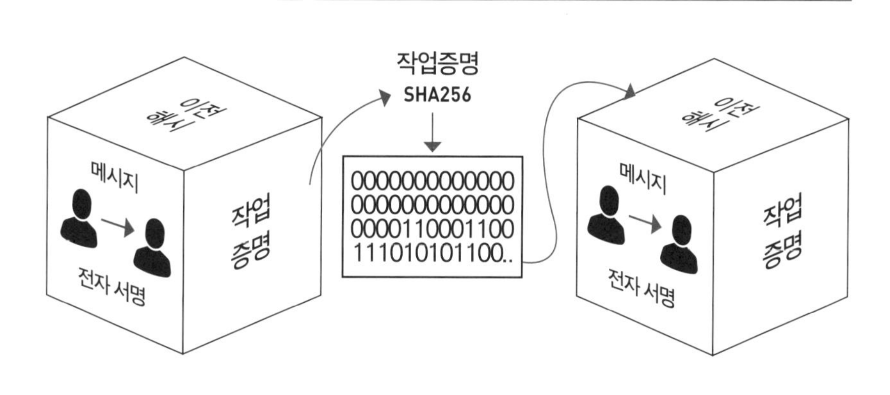

비트코인 채굴 흐름도

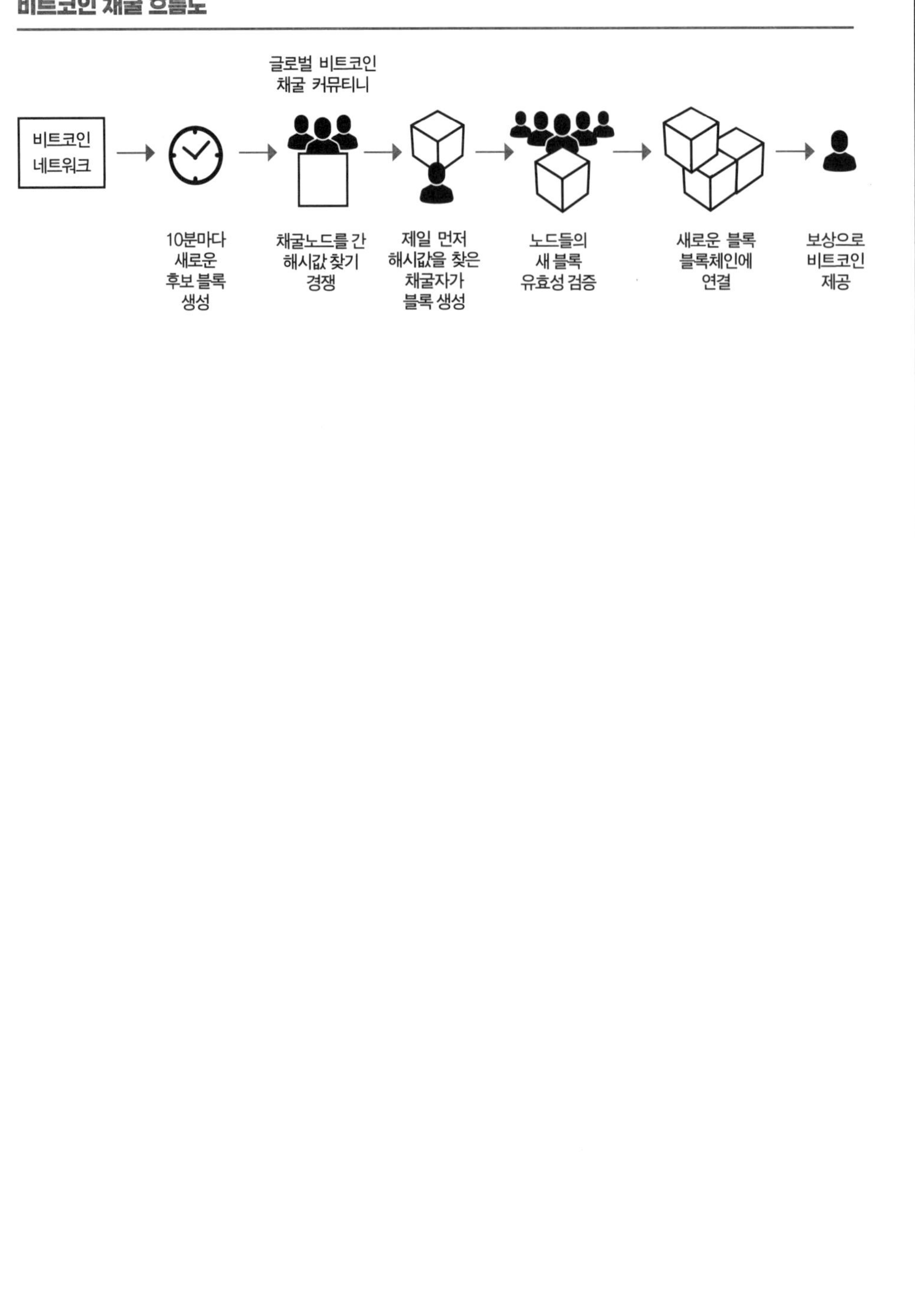
글로벌 비트코인
채굴 커뮤니티
비트코인
네트워크
10분마다
새로운
후보 블록
생성
채굴노드를 간
해시값 찾기
경쟁
제일 먼저
해시값을 찾은
채굴자가
블록 생성
노드들의
새 블록
유효성 검증
새로운 블록
블록체인에
연결
보상으로
비트코인
제공

이해하기 쉬운 번역

12. 결론

우리는 신뢰에 의존하지 않고도 안전하게 사용할 수 있는 전자지불 시스템을 만들고 싶었다. 보통 돈을 주고받을 때 은행 같은 신뢰할 만한 기관이 있어야 한다. 하지만 우리는 그런 기관 없이도 안전하게 돈을 주고받을 수 있는 시스템을 만들고자 했다. 현재 사용되는 전자화폐 시스템에서는 전자서명을 사용해 누가 돈의 소유권을 가지고 있는지 확인할 수 있다. 전자서명은 비밀번호와 비슷한데, 이 서명을 통해 돈의 주인이 누구인지 확인할 수 있다. 하지만 같은 돈을 두 번 쓰는 문제, 즉 이중지불 문제를 해결하지 못했다. 예를 들어, 내가 10달러 가치가 있는 스타벅스 커피 쿠폰을 1개 가지고 있을 때, 이것을 동시에 두 번 사용하는 상황이 생길 수 있다. 이 문제를 해결하지 않으면 시스템은 완벽하지 않다. 이중지불 문제를 해결하기 위해 우리는 '작업증명'(PoW) 방식을 사용한다. 이는 거래를 검증하고 블록을 생성하는 계산 작업을 수행하는 과정으로, 이를 통해 거래 기록의 무결성을 보장한다. 이 시스템은 P2P 네트워크를 통해 분산된 참여자들이 거래 기록을 공유하고 검증하는 구조를 갖추고 있다. P2P 네트워크는 네트워크에 있는 모든 사람들이 거래 기록을 확인할 수 있다. 작업증명은 대다수 컴퓨터가 정직한 사람들이 사용할 때 잘 작동한다. 만약 공격자가 기록을 바꾸려 한다면, 모든 정직한 컴퓨터보다 더 많은 컴퓨팅 파워를 사용해야 한다. 하지만 이는 매우 어렵다. 즉, 많은 사람들이 정직하게 일을 하면, 누군가 나쁜 의도로 기록을 바꾸는 것이 매우 힘들어진다. 이 네트워크는 구조는 단순하지만 매우 강력하다. 매우 안전하게 작동한다. 네트워크에 있는 컴퓨터들, 즉 노드들은 서로 도와주지 않아도 혼자서 일을 잘할 수 있다. 각 노드는 모두 독립적으로 작동한다. 메시지를 보낼 때 특별히 정해진 위치로 보내지 않아도 된다. 메시지가 네트워크 내에서 최대한 잘 전달되기만 하면 된다. 그래서 각 컴퓨터는 따로따로 식별될 필요가 없다. 네트워크에 있는 컴퓨터들은 자유롭게 나갔다가 다시 들어올 수 있다. 컴퓨터가 네트워크를 떠나 있는 동안 다른 컴퓨터들이 만든 기록들을 받아들여 다시 참여할 수 있다. 컴퓨터들은 연산 능력을 사용해 투표를 한다. 유효한 블록은 계속해서 연결되는 것을 통해 승인되었음을 알리고, 유효하지 않은 블록은 계산 작업을 하지 않음으로써 반대한다. 모든 규칙과 보상은 이 합의 메커니즘을 통해 이루어진다. 이렇게 해서 우리는 안전하고 독립적인 전자거래 시스템을 만들 수 있다.

References

[1] W. Dai, "b-money," http://www.weidai.com/bmoney.txt, 1998.

[2] H. Massias, X.S. Avila, and J.-J. Quisquater, "Design of a secure timestamping service with minimal trust requirements," In 20th Symposium on Information Theory in the Benelux, May 1999.

[3] S. Haber, W.S. Stornetta, "How to time-stamp a digital document," In Journal of Cryptology, vol 3, no2, pages 99-111, 1991.

[4] D. Bayer, S. Haber, W.S. Stornetta, "Improving the efficiency and reliability of digital time-stamping,"In Sequences II: Methods in Communication, Security and Computer Science, pages 329-334, 1993.

[5] S. Haber, W.S. Stornetta, "Secure names for bit-strings," In Proceedings of the 4th ACM Conference on Computer and Communications Security, pages 28-35, April 1997.

[6] A. Back, "Hashcash - a denial of service counter-measure, "http://www.hashcash.org/papers/hashcash.pdf, 2002.

[7] R.C. Merkle, "Protocols for public key cryptosystems," In Proc. 1980 Symposium on Security andPrivacy, IEEE Computer Society, pages 122-133, April 1980.

[8] W. Feller, "An introduction to probability theory and its applications," 1957.

참고문헌

1. W. Dai, "b-money," http://www.weidai.com/bmoney.txt, 1998.
2. H. Massias, X.S. Avila, J.-J. Quisquater, "신뢰 요구사항을 최소화한 안전한 타임스탬프 서비스 설계," 제20회 베네룩스 정보이론 심포지엄, 1999년 5월.
3. S. Haber, W.S. Stornetta, "디지털 문서의 타임스탬프 방법," 암호학 저널, 제3권, 제2호, pp. 99-111, 1991.
4. D. Bayer, S. Haber, W.S. Stornetta, "디지털 타임스탬핑의 효율성과 신뢰성 향상," Sequences II: 통신, 보안 및 컴퓨터 과학의 방법들, pp. 329-334, 1993.
5. S. Haber, W.S. Stornetta, "비트 문자열을 위한 안전한 이름," 제4회 ACM 컴퓨터 및 통신 보안 회의 논문집, pp. 28-35, 1997년 4월.
6. A. Back, "해시캐시 - 서비스 거부 공격 방지 대책," http://www.hashcash.org/papers/hashcash.pdf, 2002.
7. R.C. Merkle, "공개키 암호 시스템을 위한 프로토콜," 제1980회 보안 및 프라이버시 심포지엄 논문집, IEEE 컴퓨터 학회, pp. 122-133, 1980년 4월.
8. W. Feller, "확률론 및 그 응용에 대한 소개," 1957.

[비트코인이란 무엇인가]에 대한 아주 짧고 간단한 소개

비트코인이란 무엇인가?

비트코인은 인터넷에서만 사용할 수 있는 디지털 화폐이다. 우리가 흔히 사용하는 돈, 예를 들어 원화나 달러는 지폐나 동전으로 존재하지만, 비트코인은 눈에 보이지 않는 디지털 정보로 이루어져 있다. 이 디지털 화폐는 누구나 전 세계 어디서나 컴퓨터나 스마트폰을 통해 주고받을 수 있다. 비트코인은 2009년에 처음 등장했으며, '사토시 나카모토'라는 이름을 가진 사람이 이 시스템을 만들었다. 하지만 이 사람이 누구인지는 아직도 정확히 알려지지 않았다.

비트코인은 어떻게 작동할까?

비트코인은 은행이나 정부 같은 중앙 관리 기관이 없이도 안전하게 거래할 수 있는 시스템이다. 그러려면 장부는 공개되어야 하고, 모든 사람이 거래 기록을 공유하고 확인해야 한다. 비트코인은 이 과정을 위해 블록체인이라는 특별한 기술을 사용한다.

블록체인이란 무엇인가?

블록체인은 쉽게 말해 거래 기록을 저장하는 큰 장부라고 할 수 있다. 하지만 이 장부는 누구 한 사람이 관리하는 것이 아니라, 비트코인을 사용하는 모든 사람이 똑같이 가지고 있다. 블록체인은 작은 블록들이 차례대로 연결된 형태로 되어 있다. 각 블록은 약 2천 건의 거래 기록을 담고 있으며, 이 블록들이 차례대로 연결되어 체인을 형성한다. 그래서 이름도 블록과 체인을 합친 '블록체인'이 된 것이다.

블록체인의 가장 큰 특징은 투명성과 안전성이다. 블록체인에 기록된 내용은 누구나 볼 수 있고, 한 번 기록된 거래는 변경하거나 지울 수 없다. 따라서 비트코인을 주고받을 때, 서로를 믿지 않아도 블록체인에 기록된 내용을 믿고 거래할 수 있다.

비트코인은 어떻게 얻을까?

비트코인을 얻는 방법 중 하나는 채굴이다. 채굴은 컴퓨터로 매우 어려운 수학 문제를 푸는 과정이다. 이 문제를 가장 먼저 푼 사람에게 비트코인이 보상으로 주어진다. 이 과정은 금을 채굴하는 것과 비슷해서 "채굴"이라고 부른다. 채굴자들은 컴퓨터를 이용해 계속해서 이 문제를 풀며, 새로운 블록을 만들어내고, 이 블록이 블록체인에 추가된다. 이 과정을 통해 비트코인 네트워크는 계속해서 새로운 블록을 생성하고, 거래를 기록하게 된다.

하지만 채굴은 매우 어려운 작업이다. 시간이 지날수록 문제가 점점 더 어려워지고, 채굴을 위해서는 강력한 컴퓨터와 많은 전력이 필요하다. 채굴에 최적화된 전용 컴퓨터가 주로 사용된다. 요즘에는 개인이 혼자 채굴하기보다는 여러 사람이 힘을 합쳐 채굴하는 경우가 많다.

비트코인을 사용하는 방법

비트코인을 사용하려면 지갑이라는 프로그램이 필요하다. 이 지갑은 실제 지갑처럼 비트코인을 보관하고, 주고받을 수 있는 도구이다. 지갑은 컴퓨터나 스마트폰에 설치할 수 있으며, 비트코인을 보낼 때나 받을 때 사용한다.

지갑에는 개인키와 공개키라는 것이 있다. 개인키는 비트코인을 보낼 때 사용하는 일종의 비밀번호이다. 개인키는 매우 중요하기 때문에 절대 다른 사람에게 알려주면 안 된다. 반면, 공개키는 다른 사람이 나에게 비트코인을 보낼 수 있도록 알려주는 주소 같은 것이다. 공개키는 누구에게나 알려줄 수 있다.

비트코인을 사용할 때는 다음과 같은 과정이 필요하다:

1. **비트코인 보내기**: 내가 비트코인을 보내고 싶을 때, 상대방의 공개키(주소)를 입력하고, 보낼 비트코인의 양을 정한다. 그런 다음, 내 지갑에서 개인키를 사용해 이 거래를 승인한다. 이때 내 지갑은 이 정보를 블록체인 네트워크에 전송한다.

2. **거래 검증**: 네트워크의 다른 사용자들(노드)은 내가 보낸 비트코인이 진짜인지, 이미 사용된 적이 없는지 확인한다. 이 과정을 검증이라고 한다. 이 검증이 완료되면, 내 비트코인 거래는 새로운 블록에 기록되고, 블록체인에 추가된다.

3. **비트코인 받기**: 다른 사람이 나에게 비트코인을 보낼 때는 나의 공개키(주소)를 사용해 비트코인을 전송한다. 이 비트코인은 검증을 거친 후 내 지갑에 도착하게 된다.

이 모든 과정은 몇 분 안에 이루어지며, 은행을 거치지 않고도 안전하게 거래할 수 있다.

비트코인의 장점과 단점

비트코인은 여러 가지 장점이 있다.

1. **전 세계 어디서나 사용 가능**: 비트코인은 인터넷만 연결되어 있으면 전 세계 어디서든 사용할 수 있다. 은행이 문을 닫는 시간이나 주말에도 비트코인을 주고받을 수 있다.

2. **낮은 수수료**: 비트코인은 은행이나 금융회사가 중간에 끼지 않기 때문에 거래 수수료가 낮다. 특히 큰 금액을 해외로 송금할 때 이점이 크다.

3. **안전성**: 비트코인은 블록체인 기술 덕분에 해킹이 어렵고, 거래 기록이 투명하게 공개된다. 이를 통해 비트코인의 신뢰성이 높아진다.

하지만 비트코인에도 단점이 있다.

1. **가격 변동성**: 비트코인의 가격은 매우 변동이 심하다. 오늘은 비트코인의 가치가 높았다가, 내일은 갑자기 떨어질 수 있다. 그래서 비트코인을 투자하는 것은 위험할 수 있다.

2. **복잡한 사용법**: 비트코인을 처음 사용하는 사람들에게는 지갑 설치, 개인키 관리 등 여러 과정이 복잡하게 느껴질 수 있다.

3. **도난과 분실 위험**: 비트코인을 저장한 지갑이 해킹당하면, 그 비트코인은 영원히 사용할

수 없게 된다. 이를 보호하기 위해서는 지갑을 안전하게 관리해야 한다.

비트코인의 미래

비트코인은 아직 모든 나라에서 사용되는 것은 아니다. 일부 나라는 비트코인을 사용하는 것을 금지하거나 규제를 가하고 있다. 그러나 시간이 지나면서 더 많은 사람들이 비트코인에 대해 알게 되고, 사용하기 시작했다. 비트코인은 금융 기술의 혁신을 이끌고 있으며, 앞으로 더 많은 변화가 일어날 수 있다.

비트코인은 단순한 디지털 화폐가 아니라, 새로운 방식으로 세상을 바꿀 수 있는 기술이다. 사람들은 비트코인을 통해 은행 없이도 돈을 주고받을 수 있으며, 모든 거래가 투명하게 기록되는 시스템을 경험할 수 있다. 비트코인은 미래의 금융 기술을 미리 체험해 볼 수 있는 좋은 기회이다. 비록 지금은 배우고 이해하는 데 시간이 필요할 수 있지만, 한 번 이해하면 비트코인은 매우 유용한 도구가 될 것이다.

이렇게 비트코인은 인터넷 시대의 새로운 돈이자, 우리에게 많은 가능성을 열어주는 혁신적인 기술이다. 앞으로 비트코인이 우리 생활에 어떤 변화를 가져올지 기대해볼 만하다.

비트코인의 단위

비트코인	단위	사토시
1BTC	BTC(비트코인)	100,000,000 사토시
0.1BTC	dBTC(데시 비트코인)	10,000,000 사토시
0.01BTC	cBTC(센티 비트코인)	1,000,000 사토시
0.001BTC	mBTC(밀리 비트코인)	100,000 사토시
0.000001BTC	uBTC(마이크로 비트코인)	100사토시
0.00000001BTC	satoshi(사토시)	1사토시

비트코인은 1억 개로 쪼갤 수 있다.

고피디 GoPD

고려대학교에서 영어교육을 전공했다. 출판기획과 번역 작업을 하고 있다. 2016년 무렵 팟캐스트를 통해 비트코인을 처음 알고 '이거다!' 싶었다. 공부 없이 뛰어들어 두 번의 소액투자(1,000만, 500만) 실패를 경험했다. 그리고 긴 시간 동안 시장을 지켜보고, 꾸준히 개념과 원리를 학습하며 때를 기다렸다. 2022년 충분히 경쟁력 있는, 절대 손해 보지 않을 가격대라고 생각된 시기에 부담스럽지 않은 금액으로 비트코인을 매수했다. 현재 확고한 장기투자 철학을 견지하며 여유가 생길 때마다 조금씩 투자금을 늘리고 있다. 지난 8년여의 학습과 연구와 경험을 바탕으로 나름의 투자 철학과 기법을 세웠다. 소액투자자들의 경제적 자유를 지원하는 안전한 길잡이가 되길 소망한다. 지은 책으로 <100만 원으로 당장 비트코인을 사야하는 25가지 이유>가 있다.

이메일: redstonekorea@gmail.com

비트코인이란 무엇인가

초판 1쇄 발행 | 2024년 10월 28일
초판 2쇄 발행 | 2024년 12월 5일

지은이 | 사토시 나카모토
번역 · 해설 | 고피디
펴낸이 | 정성진

펴낸곳 | (주)눈코입(레드스톤)
주소 | 경기 고양시 일산동구 호수로 672, 대우메종 611호
전화 | 031-913-0650
팩스 | 02-6455-0285
이메일 | redstonekorea@gmail.com

ISBN 979-11-90872-57-7 (03190)

- 값은 뒤표지에 있습니다.
- 파본은 구입하신 서점에서 교환해드립니다